insel taschenbuch 3357
Ringelnatz für Boshafte

Ringelnatz
für Boshafte

Ausgewählt und mit einem
Nachwort von
Günter Stolzenberger
Insel Verlag

Umschlagillustration: Robert Gernhardt
Ringelnatz. Heinz Arnold zum 60. Geburtstag
© Heinz Ludwig Arnold

insel taschenbuch 3357
Originalausgabe
Erste Auflage 2008
© Insel Verlag Frankfurt am Main und Leipzig 2008
Alle Rechte vorbehalten, insbesondere das der Übersetzung,
des öffentlichen Vortrags sowie der Übertragung
durch Rundfunk und Fernsehen, auch einzelner Teile.
Kein Teil des Werkes darf in irgendeiner Form
(durch Fotografie, Mikrofilm oder andere Verfahren)
ohne schriftliche Genehmigung des Verlages reproduziert
oder unter Verwendung elektronischer Systeme
verarbeitet, vervielfältigt oder verbreitet werden.
Vertrieb durch den Suhrkamp Taschenbuch Verlag
Umschlag nach Entwürfen von Willy Fleckhaus
Satz: Hümmer GmbH, Waldbüttelbrunn
Druck: Druckhaus Nomos, Sinzheim
Printed in Germany
ISBN 978-3-458-35057-6

4 5 6 7 8 9 – 14 13 12 11 10 09

Inhalt

Jetzt schlägt deine schlimmste Stunde

Abschiedsworte an Pellka

Jetzt schlägt deine schlimmste Stunde,
Du Ungleichrunde,
Du Ausgekochte, du Zeitgeschälte,
Du Vielgequälte,
Du Gipfel meines Entzückens.
Jetzt kommt der Moment des Zerdrückens
Mit der Gabel! – – Sei stark!
Ich will auch Butter und Salz und Quark
Oder Kümmel, auch Leberwurst in dich stampfen.
Mußt nicht so ängstlich dampfen.
Ich möchte dich doch noch einmal erfreun.
Soll ich Schnittlauch über dich streun?
Oder ist dir nach Hering zumut?

Du bist ein so rührend junges Blut. –
Deshalb schmeckst du besonders gut.
Wenn das auch egoistisch klingt,
So tröste dich damit, du wundervolle
Pellka, daß du eine Edelknolle
Warst, und daß dich ein Kenner verschlingt.

... als eine Reihe von guten Tagen

Wir wollen uns wieder mal zanken,
Auf etwas hacken wie Raben,
Daß unsre zufriednen Gedanken
Eine Ablenkung haben.

Wir wollen irgendein harmloses Wort
Entstellen,
Dann uns verleumden und zum Tort
Etwas tun; das schlägt dann Wellen.

Wir wollen dritte aufzuhetzen
Versuchen,
Dann unsere Freundschaft verfluchen,
Einmal sogar ein Messer wetzen,
Dann aber uns – in Blickweite –
Auseinander zusammensetzen,
Um superior jedem weiteren Streite
Auszuweichen;
Mit dem Schwur beseite:
Uns nimmermehr zu vergleichen.

Dann wollen wir, jeder mit Ungeduld,
Ein paar Nächte schlecht träumen,
Dann heimlich eine gewisse Schuld
Dem anderen einräumen,
Dann lächeln, dann seufzen, dann stöhnen,
Dann plötzlich uns gründlich bezechen,
Dann von dem vergänglichen, wunderschönen
Leben sprechen.

Und dann uns wieder einmal versöhnen.

Silvester bei den Kannibalen

Am Silvesterabend setzen
Sich die nackten Menschenfresser
Um ein Feuer, und sie wetzen
Zähneklappernd lange Messer.

Trinken dabei – das schmeckt sehr gut –
Bambus-Soda mit Menschenblut.

Dann werden aus einem tiefen Schacht
Die eingefangenen Kinder gebracht
Und kaltgemacht.
Das Rückgrat geknickt,
Die Knochen zerknackt,
Die Schenkel gespickt,
Die Lebern zerhackt,
Die Bäuchlein gewalzt,
Die Bäckchen paniert,
Die Zehen gesalzt
Und die Äuglein garniert.

Man trinkt eine Runde und noch eine Runde.
Und allen läuft das Wasser im Munde
Zusammen, ausnander und wieder zusammen.
Bis über den feierlichen Flammen
Die kleinen Kinder mit Zutaten
Kochen, rösten, schmoren und braten.

Nur dem Häuptling wird eine steinalte Frau
Zubereitet als Karpfen blau.
Riecht beinah wie Borchardt-Küche, Berlin,
Nur mehr nach Kokosfett und Palmin.

Dann Höhepunkt: Zeiger der Monduhr weist
Auf zwölf. Es entschwindet das alte Jahr.
Die Kinder und der Karpfen sind gar.
Es wird gespeist.

Und wenn die Kannibalen dann satt sind,
Besoffen und überfressen, ganz matt sind,
Dann denken sie der geschlachteten Kleinen
Mit Wehmut und fangen dann an zu weinen.

Anstachelung beim Zahnstochern

Ich biete euch Troglodyten die Spitze.
Heraus mit euch! Wer sich in Löcher
Verkrümelt, ist feig. Ich besitze
Der Pfeile genug in meinem Köcher.

Mit dem Pfeil, dem Bogen
Durch Gebirg und Tal
Kommt Odysseus gezogen
Und säubert den Augiasstall.

Nein, ich schieße euch freche
Brut nicht. Ich steche!

Ihr macht mich krank
Mit eurem Gestank.
Ihr freßt an mir, anstatt
Mich zu nähren. Ich bin noch nicht satt.

Heraus aus dem Loch!
Ich hülle in Spucke euch
Und schlucke euch –
Pieks-quieks – doch.

Oder schnipse euch aufs Geratewohl
In ein unbekanntes Hilfdirselber. –
Ach mein Backenzahn ist schrecklich hohl
Und wird täglich bröckliger und gelber.

Keine Hand vors Gesicht.
Komm, Zahnstöcherchen,
Piek die Peiniger
Aus den Löcherchen!
Schäme dich nicht,
Denn du bist ein kluger Reiniger.

Immer wacker gespießt!
Wenn auch mal Blut fließt.
Ich bin nicht bang.

Gesegnete Mahlzeit beim letzten Gang.

Ernster Rat an Kinder

Wo man hobelt, fallen Späne,
Leichen schwimmen in der Seine.
An dem Unterleib der Kähne
Sammelt sich ein zäher Dreck.

An die Strähnen von den Mähnen
Von den Löwen und Hyänen
Klammert sich viel Ungeziefer.
Im Gefieder von den Hähnen
Nisten Läuse; auch bei Schwänen.
(Menschen gar nicht zu erwähnen,
Denn bei ihnen geht's viel tiefer.)

Nicht umsonst gibt's Quarantäne.

Allen graust es, wenn ich gähne.

Ewig rein bleibt nur die Träne
Und das Wasser der Fontäne.

Kinder, putzt euch eure Zähne!!

Es lebte an diskretem Orte
Ein Stückchen Seife, bester Sorte,
In einem Porzellanbehälter.
Das ward mit jedem Tage älter.
Weil es mit Moschusduft durchhaucht,
Ward es vom Menschen gern gebraucht.

Einstmals – das wann und wie ist schnuppe –
Geriet es in die Erbsensuppe.
Der Mensch benahm sich miserabel.
Er stach die Seife mit der Gabel,
Beroch sie roh und rief: »Pfui, Spinne!«
Da schwanden ihr vor Angst die Sinne.

Es war ein Brikett, ein großes Genie,
Das Philosophie studierte
Und später selbst an der Akademie
Im gleichen Fache dozierte.

Es sprach zur versammelten Briketterie:
»Verehrliches Auditorium,
Das Leben – das Leben – beachten Sie –
Ist nichts als ein Provisorium.«

Da wurde als ketzerisch gleich verbannt
Der Satz mit dem Provisorium.
Das arme Brikett, das wurde verbrannt
In einem Privatkrematorium.

Störtebekerlied

Seeräuber und Kameraden,
Wenn meine Augen richtig sind,
Hat die Bark voraus auch Fässer geladen. –
Auf, ihr Hurenboys! An die Brassen!
Royal hoch! Alle Lappen noch härter an den Wind.

Denn die Hunde wittern Blut,
Denn sie segeln gut,
Das muß der Teufel ihnen lassen.

Hei! Holt die hollandsche nieder
Und hißt die Flagge rot – rot – rot!
Und singt recht schweinische Lieder.
Vielleicht ist einer von uns morgen tot.
Denn sie haben eine Kanone an Bord
Und ein halbes Dutzend Soldaten
Mit Blei und mit Dünnschiß geladen.
Wir aber sind kühne Piraten
Und fürchten nicht Tod noch Mord.
Wir sind weder fromm – aber frei.

Was mag in dem Schiffe wohl sonst noch sein?
Kakerlaken oder Seife oder Gold oder Wein? –
Nun signalisieret: »Dreht bei!«
Und ich, euer Captain, rufe: Enterhaken klar!
Und kämmt den Krämern das ölige Haar.
Nur merkt euch: Die Leute alle über dreißig Jahr
Sollen leben bleiben. Leben bleiben –
Nun hofft, wie es kommt, und glaubt, wie es war,
Und fragt nicht, wie lang wir's noch treiben.

Liebe mit mir verfluchte Halunken,
Was soll denn mit den
Unter dreißig geschehn?
Die machen wir mit Braunteer betrunken.
Aber wer uns gefällt,
Weil er's ehrlich mit uns hält,

Dem sei das Leben geschunken.
Den andern aber sagen wir: Amerika ist nah.
Und knüpfen sie sauber an die Obermarsraa.

Old sailors! Likedelers!
Kommt selber und schaut:
Sie haben ein Weibstück an Bord. Unsre Braut
Sie soll leben! Unsre Braut, sie soll leben!
Und ich werde sie weitergeben,
Bis zuletzt sie der Schiffsjunge nimmt.
Der soll dann mit Eisenstücken
Und Ankerketten sie schmücken
Und sehen, wie weit sie damit schwimmt.

Daddeldu verprügelt den Schiffsjungen

Wenn du siehst, daß jemand ins Wasser fällt,
Dann springst du sofort hinterher.
Denn man weiß nie bestimmt,
Ob er sackt oder schwimmt,
Und die nassen Kleider sind schwer.

Wenn du erst dich besinnst, was du selber riskierst,
Dann ist das eine Hundeschweinerei!
Denn, wenn du wirklich dein Leben verlierst,
Was wäre dann schon Schlimmes dabei?!

Wenn aber der Jemand ertrinkt – und, wie hier
Es beinahe geschah, eine Frau –,
Dann verdienst du, daß ich die Leiche dir
Rechts und links um die Ohrflossen hau.

Attentätchen

Avant-propos

Ich kann mein Buch doch nennen, wie ich will
Und orthographisch nach Belieben schreiben!
Wer mich nicht lesen mag, der laß es bleiben.
Ich darf den Sau, das Klops, das Krokodil
Und jeden andern Gegenstand bedichten,
Darf ich doch ungestört daheim
Auch mein Bedürfnis, wie mir's paßt, verrichten.
Was könnte mich zu Geist und reinem Reim,
Was zu Geschmack und zu Humor verpflichten? –
Bescheidenheit? – captatio – oho!
Und wer mich haßt, – – sie mögen mich nur hassen!
Ich darf mich gründlich an den Hintern fassen
Sowie an den avant-propos.

Übralldaß a. d. Elbe

Übralldaß hat ein Publikum,
Das blickt so dumm, so gottlos dumm,
Daß man es prügeln müßte,
Wenn man nicht sicher wüßte,
Daß es ja selbst nicht weiß, warum.

Sein Horizont befindet
Sich in dem Mittelpunkt der Stadt.

Die Leute dort verbindet
Das Fehlende, das jeder hat.

Sie sehnen nie, sie beten nie.
Sie wissen, daß sie besser sind.
Die Luft ist dort gefroren.
Und keiner – scheint's – macht dort Pipi.
Sie rümpfen, wenn man sagt: Ein Kind
Würde gezeugt, geboren.

Sie schlafen, wenn sie wachen,
Leben vielleicht auch umgekehrt.
Sie kauen, wenn sie lachen.
Und dort wird gottlos viel verzehrt.
Sie sind nur Gaumen und Popo.
Zwar ist nicht jedermann dort so,
Ein paar sind ausgenommen;
Zwei sind sogar verehrungswert.

Soll einer von dort kommen,
Der über mich sich nun beschwert.

Der wilde Mann von Feldafing

Er schien zum Kriegsmann geboren.
Er trug nach allen Seiten hin Bart.
Selbst seine Beine waren behaart
Und steckten in Stiefeln mit Sporen.
Und trutzig über der Schulter hing
Ihm ein gewichtig Gewehr.

Mit gerunzelter Stirne ging
Er auf dem Bahnhof von Feldafing
Hin und her.
Und stehend, stolz und schulterbreit
Fuhr er dann zwei Stationen weit.
Die Kinder bestaunten ihn sehr.
Doch ehe noch ein Tag verging,
Schritt er schon wieder durch Feldafing
Mit einem Rucksack schwer.
Doch weil es so stark regnete,
Daß niemand ihm begegnete,
Ärgerte er sich sehr.
Als er durch seinen Garten schritt,
Sang dort ein Vögelchen Kiwitt,
Da griff er zum Gewehr:
Puff!!!

Ein kurzes Röchelchen –
Ein kleines Löchelchen –
Dann eine Katze – und etwas später:
Ein kleines Knöchelchen
Und eine Feder. –

Der wilde Mann von Feldafing.

Ich raffe mich auf

(Einem Freund zum Dreißigsten gewidmet)

Der Nachttopf klirrt. Ich bin entschlossen!
Der Doornkaat hat mich umgestimmt.
Wenn jetzt auch alles in der Stube schwimmt,
Ist doch noch lang kein Blut vergossen.

Der Spiegel kracht. Was will das heißen?
Was er uns spiegelt, ist verkehrt.
Ritz-Ratsch – ich muß mein Federbett zerreißen.
Denn Eigentum ist Dreck, der nur beschwert.

Hei, Wind gemacht! Die Federn stieben.
Den deutschen Seemann schreckt der Seesturm nicht.
Er denkt, den Tod vor Augen, seiner Lieben. –
Ach was – Quatsch: Lieben –. Bums!
                            ein Schrank zerbricht.

Der Schrank ist mein, und ich bin frei.
Und wenn er mir auch nicht gehörte – –
Wie wär's, wenn ich das Fenster mal zerstörte?
Päng! – schlitterkläng – – Es ist entzwei!

Plautz – liegt mein Ofen. Er wog tausend Kilos.
Wo ist mein Frack? – ich habe Blut geleckt. –
Zu lange war ich schwach und energielos.
Dein Doornkaat, Rosie, hat mein Blut geweckt.

Rachegelüst

Wenn die Menschen dumpf sich nicht getraun,
Wenn sie feig und heuchlerisch sich fügen
Und ihr Glück auf ihre Schlauheit baun,
Redliches bedrücken und betrügen.

Wenn sie schleichen, flüstern und sich ducken,
Andrerseits aus Würde sich genieren, – –
O dann müßte etwas explodieren.
Und ein Riese müßte sich erheben
Über sie und sie nicht etwa töten,
Sondern saftig, kräftig sie bespucken,
Um sie für ihr weitres Leben
Als verschleimte, fette Warzenkröten
In ein Glashaus einzusperrn.
Und ich würde durch die Scheibe gucken
Und sie grüßen: »Hochverehrte Herrn!«

Kuttel Daddeldu über Nobile
(Juli 1928)

So große Kerle gingen tot.
Gott weiß, was fern in höchster Not
Noch heute kämpft, vom Eis umklammert,
Für dieses Großmaul, das jetzt jammert
Um seinen angequetschten Zeh.

Wann hat ein Captain je in See
Als erster seine Crew verlassen?!
Dem möcht ich in die Kiemen fassen!

Ach, daß sie den gerettet haben!
Er müßte, tief ins Eis gegraben,
Mit einem Lorbeerstock im Hintern,
Solang die Welt steht, überwintern.

Verflucht, ich kann nicht richtig beten,
Doch hab ich eine solche Wut.
Gott sei zu Amundsen recht gut.
Und wenn mir Nobile begegnet,
Will ich ihm das Gedärm zerkneten
Und ihn und sein ihm teures Leben
An andre Fäuste weitergeben,
So, daß er Luft und Wasser segnet.

Bürger, den ich meine

Tanzunterricht bis Stammtischbier.
Solch Bürger ist behütet.
Der Bürger ist kein Säugetier.
Der Bürger ist gebrütet.

Doch was ich hiermit Bürger nenn,
Sind satte Mittelpunkte.
Wie die sich wohl benähmen, wenn
Man sie in Eiweiß tunkte.

Großplatztauben

Auf großen Plätzen in den Städten
Mästen sich Taubenschwärme.
Es gehen knurrend manchmal Gedärme
Vorbei, die nur ein solch Federvieh
Gar zu gern und gebraten hätten.

Man erziehe rechtzeitig sein Kind
Zu der Liebe zu allen Tieren.
Kinder, die schön angezogen sind,
Sollen mit reichgekleideten Müttern
Tauben öffentlich hätscheln und füttern
Und sich dabei
Neckisch und lieblich photographieren
Lassen. – Spatzen sind vogelfrei.

Ich habe vor markusplatzigen Tauben
Etwas Angst wegen meines Hutes.
Ich kann mir nicht viele Hüte erlauben.
Ich wünsche den Photographen nur Gutes
Und den Müttern auf der Parade –
Nicht ihrem Kind –
All das, wofür meine Hüte zu schade
Sind.

Ruinenkult

Wenn der Ruinenzauber glüht,
Erschauert unser Volksgemüt,
Und eine romantische Wärme
Gießt Bowle durch unsre Gedärme.

Lichtbirne hinter Buntpapier
Gibt Sängerkehlen ein Klistier,
Und sehnsüchtig weinendes Lachen
Läßt uralten Schwindel erwachen.

Denen, die sich Ruinen baun,
Wünsch ich den höchsten Lattenzaun
Und den von Hunden umgeben,
Die dauernd das eine Bein heben.

Mir ist so négligé zumute

Abendgebet einer erkälteten Negerin

Ich suche Sternengefunkel
All mein Karbunkel
Brennt Sonne dunkel.
Sonne drohet mit Stich.

Warum brennt mich die Sonne im Zorn?
Warum brennt sie gerade mich?
Warum nicht Korn?

Ich folge weißen Mannes Spur.
Der Mann war weiß und roch so gut.
Mir ist in meiner Muschelschnur
So négligé zu Mut.

Kam in mein Wigwam
Weit übers Meer,
Seit er zurückschwamm,
Das Wigwam
Blieb leer.

Drüben am Walde
Kängt ein Guruh – –

Warte nur balde
Kängurst auch Du.

Freiübungen
(Grund-Stellung)

Wenn eine Frau in uns Begierden weckt
Und diese Frau hat schon ihr Herz vergeben,
Dann (Arme vorwärts streckt!)
Dann ist es ratsam, daß man sich versteckt.
Denn später (langsam auf den Fersen heben!)
Denn später wird uns ein Gefühl umschweben,
Das von Familiensinn und guten Eltern zeugt.
(Arme – beugt!)
Denn was die Frau an einem Manne reizt,
(Hüften fest – Beine spreizt! – Grundstellung)
Ist Ehrbarkeit. Nur die hat wahren Wert,
Auch auf die Dauer (Ganze Abteilung, kehrt!)
Das ist von beiden Teilen der begehrteste,
Von dem man sagt: (Rumpfbeuge)
                    Das ist der allerwertste.

Ritter Sockenburg

Wie du zärtlich deine Wäsche in den Wind
Hängst, liebes Kind
Vis à vis,
Diesen Anblick zu genießen,
Geh ich, welken Efeu zu begießen.
Aber mich bemerkst du nie.

Deine vogelfernen, wundergroßen
Kinderaugen, ach erkennen sie
Meiner Sehnsucht süße Phantasie,
Jetzt ein Wind zu sein in deinen Hosen –?

Kein Gesang, kein Pfeifen kann dich locken.
Und die Sehnsucht läßt mir keine Ruh.
Ha! Ich hänge Wäsche auf, wie du!
Was ich finde. Socken, Herrensocken;
Alles andre hat die Waschanstalt.
Socken, hohle Junggesellenfüße
Wedeln dir im Winde wunde Grüße.
Es ist kalt auf dem Balkon, sehr kalt.

Und die Mädchenhöschen wurden trocken,
Mit dem Winter kam die Faschingszeit.
Aber drüben, am Balkon, verschneit,
Eisverhärtet, hingen hundert Socken.

Ihr Besitzer lebte fern im Norden
Und war homosexuell geworden.

Enttäuschter Badegast

Wenn ich im Badeanzug bin
Und im Familienbade,
Geht die Erotik fort. Wohin
Weiß Gott. Wie schade!

Und Weiber jederlei Gestalt,
Sie lassen alle dann mich kalt,
Wie die verdammte Jauche
Der See, in die ich tauche,
Kalt macht, speziell am Bauche.

Von der Kabine bis ans Meer
Geniere ich mich immer sehr.
Trotz Spucke und trotz Laufgeschwind
Merkt jede Frau und jedes Kind,
Daß meine Füße dreckig sind.
Und niemand fragt woher.

Daß jemanden, der nicht gut schwimmt,
Daß man den gar nicht mehr als Mann,
Sondern als Tauchemännchen nimmt – –

So handeln Weiber, die bestimmt
Wären, mich aufzuregen.

Mir schmeckt das Badewasser nie.
Ich denke immer an Pipi
Und kann das auch belegen.

Es liegt mir fern, hier indiskret
Krampfadern aufzuwühlen,
Doch jede Frau, die baden geht,
Weiß nichts von meinen Gefühlen.

Meine erste Liebe?

Erste Liebe? Ach, ein Wüstling, dessen
Herz so wahllos ist wie meins, so weit,
Hat die erste Liebe längst vergessen,
Und ihn interessiert nur seine Zeit.

Meine letzte Liebe zu beschreiben,
Wäre just so leicht wie indiskret.
Außerdem? Wird sie die letzte bleiben,
Bis ihr Name in der »Woche« steht?

Meine Abenteuer in der Minne
Müssen sehr gedrängt gewesen sein.
Wenn ich auf das erste mich besinne,
Fällt mir immer noch ein früh'res ein.

Immer wieder Fasching

Wenn der Fasching kommt, wird viel verboten.
Aber manches wird auch andrerseits erlaubt.
Dann wird nicht nur Dienstboten,
Nein, auch Fürstenhäusern enstammten
Damen oder Frauen von Beamten
Die Unschuld geraubt.

Jeder läßt was springen.
Viel ist los.
Und vor allen Dingen
Beine und Popos.

Wenn sich Masken noch einmal verhüllen
Mit Phantastik, Seide, Samt und Tüllen,
Zeigt sich sehr viel Fleisch und sehr viel Schoß.
Daß wir, eh' wir heimwärtsschwanken,
Unsern steifen Hut zerknüllen
Im Gedanken:
Hätten wir die Hälfte bloß!

Also brechen wir auf!
Ach nein, bleiben wir noch,
Bis an ein Loch.
Schließlich löst sich alles doch
In Papier auf.
Man vertrollt sich lärmlich,
Wendet sich erbärmlich,
Jedermann ein abgesetzter Held.

Draußen Sturm. Es hetzen
Über Dächer kalte Wolkenfetzen
Unterm Mond. Wir setzen
Uns ins Auto, fröstelnd vor dem letzten Geld.

Frucht-Zucht-Frucht

Bananen, Melonen, Ananas – –.
Alle Früchte haben etwas –
Frei gesagt: Unanständiges,
Etwas Nuditätes an sich.
Darüber freue ich mich.

Denn das ist etwas Unbändiges.
Instinktiv oder auch bewußt
Haben wir alle daran unsre Lust.

Aber die darüber erschreckt sind,
Sich entrüsten und jemand verklagen,
Denen wollen wir andere sagen,
Daß wir schon lang nicht mehr a. A. geleckt sind.
Und das muß – wenn auch nur theoretisch –
Immer mal wieder auf Erden geschehn.
Sonst werden wir Mehlbrei und hyperästhetisch
Und werden rot, wenn wir Pfirsiche sehn.

Abschied der Seeleute

Chor der Seeleute: Wir Fahrensleute
Lieben die See.
Die Seemannsbräute
Gelten für heute,
Sind nur für to-day.

Die Mädchen, die weinen,
Sind schwach auf den Beinen.
Was schert uns ihr Weh!
Das Weh, ach das legt sich.
Unsre Heimat bewegt sich
Und trägt uns in See,
Far-away.

Chor der Mädchen: Wir, die Bräute
Der Fahrensleute,
Lieben und küssen,
Doch wissen, sie müssen
Zur Seefahrt zurück.

Und wenn sie ertrinken,
Dann – wissen wir – winken
Uns andre zum Glück.

So will man oft und kann doch nicht

Verflucht und zugenäht

Man sollte den Gesetzen
In Kleinigkeiten
Ein Bein stellen und sie verletzen
Und sie, von Gönnern geldunterstützt,
Überschreiten.
Man sollte den Richter,
Der Künstler, Dichter
Oder nur Mensch ist, unbändig verehren.
Man sollte das andre, konträre Gelichter
Zermalmen und sich selber vermehren.
Man sollte so sein, wie ich es bin.
Man sollte – –
Wenn nicht der liebe Gott es hin
Und wieder ganz anders wollte.

Beinchen

Beinchen wollen stehen.
Beinchen wollen gehen,
Sich im Tanze drehen.
Beinchen wollen ruhn.
Beinchen wollen spreizen,
Wollen ihren Reizen
Jegliche Gelegenheit

Geben. Haben jederzeit
Muskulös zu tun.

Beine dick und so und so,
Beine dünn wie Stange.
Alle Beine sind doch froh.

Arme, arme Schlange!

Leben wie Karneval

Jeder summt sein Sümmchen
Oder brummt sein Brümmchen
Wie ein Bär oder wie ein Bienchen,
Wenn er ganz in sich
Hindöst. – Aber öffentlich
Zieht dann jeder, jede,
Jedes sein Mienchen. – – –

(Fällt mir plötzlich ein Gerede
Ein, eines Arztes mit schizophrenen Fraun.
Hielt der Arzt sie heimlich lieb am Zügel.
Sagte eine: »Hängen Sie meinen
Linken Lungenflügel
An den Gartenzaun!«)

Jedes flucht sein Flüchlein,
Wenn's nicht ging, wie's ihmnach gehen soll.
Manches weint ein Tüchlein
Oder scheißt ein Höslein voll.

Das störend niedrige Geschmeiß
Ist schwierig zu erreichen.
Es bleibt Gesetz: Die Schnake weiß,
Dem Kuhschwanz auszuweichen.

Der Seriöse

Wo ich abends Weißwürste fresse,
Da sitzt oft drei Tische weit
Vor mir ein Herr von Noblesse,
Sehr groß, sehr ernst und sehr breit.

Sein Haar und Bart, seine Kleidung
Sind einwandfrei und gepflegt,
Wie er unter steter Vermeidung
Sich einwandfrei sicher bewegt.

Wie ihn die Kellner bedienen,
Ist er ein Fürst oder reich.
Doch bleibt das Spiel seiner Mienen
Jederzeit würdig und gleich.

Wenn diese würdig seriöse
Erscheinung vorübergeht,
Dann ist mir, als ob mein Gekröse
In Hirn und Leib sich verdreht.

Denn wenn er mit seinen Blicken
Mich streifte – das fühle ich klar –,

Ich würde zusammenknicken
Und nimmer sein, was ich war.

Doch ohne seitwärts zu schauen,
Schreitet er durchs Lokal.
Seine gerunzelten Brauen –
Wie alles an ihm – sind aus Stahl.

Und seine Schritte lenken
Sich dahin, wohin man nicht sieht.
Ich wage nicht auszudenken,
Was er dort etwa vollzieht.

Ach, ich bin klein, ich bin böse.
Mein Herz ist auch nicht ganz rein.
Ach dürfte ich solche seriöse
Persönlichkeit einmal sein!

Klimmzug

Das ist ein Symbol für das Leben.
Immer aufwärts, himmelan streben!
Feste zieh! Nicht nachgeben!
Stelle dir vor: Dort oben winken
Schnäpse und Schinken.
Trachte sie zu erreichen, die Schnäpse.
Spanne die Muskeln, die Bizepse.
Achte ver die Beschwerden.
Nicht einschlafen. Nicht müde werden!
Du mußt in Gedanken wähnen:

Du hörtest unter dir einen Schlund gähnen.
In dem Schlund sind Igel und Wölfe versammelt.
Die freuen sich auf den Menschen, der oben bammelt.
Zu! Zu! Tu nicht überlegen.
Immer weiter, herrlichen Zielen entgegen.
Sollte dich ein Floh am Po kneifen,
Nicht mit beiden Händen zugleich danach greifen.
Nicht so ruckweis hin und her schlenkern;
Das paßt nicht für ein Volk von Turnern und Denkern.
Klimme wacker,
Alter Knacker!
Klimme, klimb
Zum Olymp!
Höher hinauf!
Glückauf!
Kragen total durchweicht.
Äh – äh – äh – endlich erreicht.
Das Unbeschreibliche zieht uns hinan,
Der ewigweibliche Turnvater Jahn.

Wettlauf

Publikum ungeduldig scharrt –
Scharren lassen – hier Start –
Taschentuch? keins –
Schweiß –
Heiß –
Zum Beweis
Des Nichtaufgeregtseins:
Billet Spucke kneten.

Achtung: eins!
Nicht mehr Zeit auszutreten –
Was? Rauchen verbeten? –
Sie da, der Dritte, weiter zurücktreten –
Soo! – Endlich Musik –
Der bekannte
Augenblick,
Wo –
Wenn der Trikot
Nur nicht so spannte –
Schweinerei –
Wäre fatal –
Achtung: Zwei!
Teufel nochmal!
Heiliger Joseph, steh mir bei!
Achtung: Drei!
Tapelti, tapelti, tapelti
Mut!
Gut!
Kopf senken!
Arme vom Leib!
Frieda denken!
Herrliches Weib!
Schade, daß Mund stinkt!
Das war sie! – lacht! – winkt –
Oh, oh! Oh, oh!
Mein Trikot!
Vorne gespalten.
Taschentuch vorhalten –
Jetzt Quark!
Nur laufen!

10 000 Mark –
Wochenlang saufen –
Wenn's glückt –
Schulden bezahlen –
Tante verrückt –
Meyers prahlen –
Sieger gratuliert –
Photographiert –
Händedruck –
Tun als ob schnuppe –
Wändeschmuck –
Lorbeer-Suppe –
Zeitungs-Reklame –
Filmaufnahme –
Frieda seidenes Kleid –
Otto platzt Neid –
Engelmann – Wut –
Anton – Pump –
Aushalten! Mut!
Weg da! Lump! –
Einer von beiden –
Weg abschneiden –
Puff!
Was bild't sich –
Uff!
Gilt nich!
Feste druff!
Gar nicht kümmern!
Schädel zertrümmern!
Zuchthaus –
Flucht – Haus –

Schande –
Tante –
Sterben –
Beerben –
Unsinn! Was Quatsch! Quatsch!
Teufel noch mal!
Laternenpfahl.
Mehr links, ach! ach!
Stopp! Frieda! Halt! Krach!
Kladderadatsch!
Knätsch daun! au! aus!
Ohhhhhh! – Publikum Applaus.

Bumerang

War einmal ein Bumerang;
War ein weniges zu lang.
Bumerang flog ein Stück,
Aber kam nicht mehr zurück.
Publikum – noch stundenlang –
Wartete auf Bumerang.

Laufschritt-Couplet

Wenn doch die Pferdebahn noch wär'!
Da wurde bald der Kondukteur
Und bald der Gaul verdroschen,
Und manchmal lief man nebenher
Und sparte sich den Groschen.

Die Feuersbrunst ergriff mich sehr.
Das Schulgebäude steht nicht mehr.
Schon spielen Kinder fromm umher
Mit den verkohlten Stücken.
Dann räumt man auf, der Platz wird leer,
Und nun beginnt die Feuerwehr
Allmählich anzurücken.

Der Laufschritt freut beim Militär
Uns über alle Maßen.
Zwar drückt der Affe reichlich schwer,
Ganz abgesehn von dem Gewehr,
Der Blase und den Blasen,
Doch außerdem: Man fühlt sich sehr,
Singt: »Wenn ich doch ein Vöglein wär'«
Und kann sich so von ungefähr
Das Mittagbrot vergasen.

Zwischen Lipp und Kelchesrand

Ein weibliches Rekördchen
Hatte sich besoffen,
Mußte mal aufs Örtchen.
Als es wieder rauskam,
War's schon übertroffen.

Ein Pflasterstein, der war einmal
Und wurde viel beschritten.
Er schrie: »Ich bin ein Mineral

Und muß mir ein für allemal
Dergleichen streng verbitten!«

Jedoch den Menschen fiel's nicht ein,
Mit ihm sich zu befassen,
Denn Pflasterstein bleibt Pflasterstein
Und muß sich treten lassen.

Was der Liftboy äußert

Fahrstuhl ahoi!
Ich bin der Boy
An Silbersteins Lift.
Bin ich mal nicht dabei,
Reißen die Stricke entzwei
Und zermalmt oder zerquetscht, wen's gerade trifft.

Aber wenn ich bediene,
Saust die Maschine
Im Nu
Aus dem Hochparterre bis zum dritten.
Um ein Trinkgeld darf ich nicht bitten,
Aber feine Herrschaften drücken ein Auge zu.

Am Zahltage sagte Herr Silberstein:
Ich dürfte stolz auf den Posten sein,
Wo ich immerfort stiege,
Und ich bekäme nur kleines Salär,
Weil ich fürs Lift so geeignet wär',
Weil ich so sehr wenig wiege.

Da lernt man so allerlei,
Und da ist viel Verantwortung bei.
Aber ich kenne schon meine Kunden.
Da hat's eine auf mich abgesehn,
So eine Dicke mit rundem
Busen, die will mir den Kopf verdrehn.
Und da blieb der Fahrstuhl im Dachstuhl stehn.
Und da meinte sie, müßte was geschehn,
Und da hat sie plötzlich entbunden.
Das geht so ungefähr:
Bitte sehr! Immer herein!
Wer will noch mal von unten geliftet sein?
So 2, 4, 8 Halt! Nicht mehr!
Rrrr!
Unsereins leidet am Nervenschock.
Das kann auch nicht jeder.
Halt!!!
Meine Damen, bitte schön! Zwischenstock!
Abteilung Knochen und Leder!

Katze vor Anker

Schlafen die Bewohner
Von dem Gaffelschoner
Im Kajüt am Heck? –

Weil das Boot vor Anker liegt,
Hockt die Katze mißvergnügt
Oben auf dem Deck.

Sieht sie Mäuse, Ratten? –
Doch der Wind hat sich gelegt.
Was sich einzig noch bewegt,
Ist ihr eigner Schatten.

Vor ihr liegt ein dickes Tau,
Rund geschlängelt, wie ein Kranz,
Viel viel länger als ihr Schwanz.
Ach, miau – miau.

Keine Ratte, keine Maus,
Keine Gasse und kein Haus,
Nichts, was mitmiaute.

Und die arme Katerbraut
Äußert ihren Kummer laut
Dort im Strom bei Flaute.

*Was würden Sie tun, wenn Sie
das neue Jahr regieren könnten?*

Ich würde vor Aufregung wahrscheinlich
Die ersten Nächte schlaflos verbringen
Und darauf tagelang ängstlich und kleinlich
Ganz dumme, selbstsüchtige Pläne schwingen.

Dann – hoffentlich – aber laut lachen
Und endlich den lieben Gott abends leise
Bitten, doch wieder nach seiner Weise
Das neue Jahr göttlich selber zu machen.

Abseits von Lavendel

Am Hängetau

Das Hängetau ist lang und steil.
Jedoch die Übung an dem Seil
Ist heilsam und veredelt.
Dieweil du kletterst, wächst das Tau
Dir hintenraus und wedelt
A la Wauwau.

Marie, die unten nach dir blickt,
Kommt mit der Quaste in Konflikt.

Ich wette um ein Faß Gelee:
Drei Meter über der Erden
Erfaßt dich plötzlich die Idee,
Du möchtest Seemann werden.

Der Kletterschluß mißlingt dir freilich.
Er klingt auch häßlich papageilich.
Schon dieserhalb und um so mehr
Schwankst du verzweifelt hin und her
Als atemloser Pendel.
Und jäh umgibt dich in der Luft
Ein unartikulierter Duft
Sehr abseits von Lavendel.

Und dann erreichst du ganz verzagt
Den Balken unter Pusten,

Und weil Marie von unten fragt,
Und weil die Stimme dir versagt,
So fängst du an zu husten.

Die Dame frägt ob schwindelfrei
Und schüttelt die Manilla.
Du mimst voll Angst und Heuchelei
Den schwärmenden Gorilla.
Doch weil allmählich Zeit vergeht
Und nirgends eine Leiter steht,
Entschließt du dich voll Grausen
Und präsentierst dein Hinterteil
Und angelst lange nach dem Seil
Und läßt dich plötzlich sausen.

Du plumpst der Dame auf die Brust
Und tust, als tätst du das bewußt,
Und blähst dich wie ein Segel.
Und nickst ein heiteres Allheil!
Und lachst und fühlst dich doch derweil
Teils Burschenschaft, teils Flegel.

Kein Mädchen, nicht einmal die Braut,
Sieht gerne Hände ohne Haut.

Rezept

Man mische 7 Pfund Palmin
Mit gleichviel Milch und Terpentin.
Dann füge man ein Hühnerei

Und etwas Öl nebst Essig bei.
Dies nun zu festem Brei gerührt,
Wird dann in einen Strumpf geschnürt.
Das Ganze läßt man 13 Wochen
In lauem Seifenwasser kochen.
Dann wird es mit Gelee garniert
Und im verdeckten Topf serviert.
(Doch halte man zu rechter Zeit
Ein offnes Töpfchen sich bereit.)

Eisenbahnfahrt

Weine nicht Abschiedstrauer.
Es biegt sich alles sowieso.
Unterm moralischen Popo
Brennt nichts so heiß wie Dauer.

Und weil es uns so lange
So schlecht erging – nein noch zu gut! –
Sei nicht mehr bange.
Mir macht die Eisenbahn jetzt Mut.

Dann fuhr der Zug. – Mein Vis-à-vis,
Mann mit Begleiterinnen,
Die wollten – ach ich kenne die –
Ein Fettgespräch beginnen.

Aus Fett, im Fett und über Fett.
Ich aber wünschte ihnen

Im stillen ein bequemes Bett
Mit Syrup und mit Bienen.

Ich stierte fremd und sprach kein Wort.
Doch all mein Leid erwachte,
Daß ich mich einschloß im Abort
Und rauchte dort und dachte.

Es stinkt im Eisenbahnklosett
Nach jedermann und kläglich.
Doch sowas stinkt wohl täglich
Aus jedermann und jedem Bett.

Es kann die Bahn, ein Mensch, ein Gaul
Ausgleiten und entgleisen. –
Denk nicht zu viel und halt dein Maul
Auf Reisen!

Wien
(später)

Ich habe gestern drei Liter Sahne getrunken
Und hinterher ein Würstchen gemacht,
Das hat wie versengte Pferdehufe gestunken
Aber es sah golden aus und wie eine Acht.
Und das soll Umschwung bedeuten;
Ist auch schon eingetroffen:
Ich bin jetzt beliebt bei den Leuten.
Hätt' ich nur nicht die Sahne gesoffen!
Ich bin schon dreimal von Malern gemalt,

Wenn auch ganz schief,
Und darf auf Gageerhöhung hoffen.
Den Glasaufsatz hat ein Gönner bezahlt.
Und von Renée kam ein herziger Brief.
Kurz, ich hab wieder verteufelten Mut.
Man kann hier mit Geld wie im Himmel leben.
Nur mein Magen ist heute nicht gut,
Mußte mich dreizehnmal übergeben.

Der Sänger

Vor dem Debut soupierend saß,
Bei einer Frau, der Sänger.
Sie staunte über seinen Fraß
Und wurde immer länger.

Der Sänger auf die Bühne trat,
Schlicht, ohne sich zu rühmen.
Ein Hauch von Bier und Fleischsalat
Verlor sich in Parfümen.

Der Sänger sang das hohe C.
Der Beifall wuchs und tobte.
Die Dame in der Loge B
Stand auf und garderobte.

Der Sänger stürzte aus dem Haus
In den verschneiten Garten.
Die Dame folgte, einen Strauß
Auspackend, voll Erwarten.

Der Sänger lüpfte seinen Frack
Und duckte sich im Garten.
Es klang wie »Schlacht am Skagerrak«.
Die Dame mußte warten.

Vom langen Stehn im nassen Schnee
Holt man sich Rheumatismus. –
Der Sänger mit dem hohen C
Kennt seinen Mechanismus.

Müder Juniabend

Blühende Kastanienzweige
Strecken ihre Tatzen vor.
Wenn ich jetzt das rechte Ohr,
Weil es taub ist, rückwärts neige,
Höre ich einen Spatzenchor.

Weil mich dessen Plärr so kalt
Läßt, und angeregt von Tatzen,
Suche ich jetzt mit Gewalt
Einen Pickel aufzukratzen,
Der im Grund zwar noch nicht reif ist,
Doch mich hinten an der Scharte,
Wo beim Affen noch der Schweif ist,
Schikaniert. Da plötzlich zischt
Schnupfen in die Speisekarte.

Rasches Taschentuch verwischt
Rotz und Preise der Gemüse

Und Salate. Und ich grüße
Eine Dame, die vorbeigeht
Und mich kennt, mir auch gefällt.
Wobei leise was entzweigeht,
Was den Hosenträger hält.

Trostworte an einen Luftkranken

Recht so! Speie, lieber Mitgast, speie!
Speie dreist und ungeniert und laut,
Daß sich einmal andersrum befreie,
Was für dich passée ist und verdaut.

Speie froh. Es wird dir polizeilich
Und moralisch jederzeit verziehn. –
Ja, ich gebe zu: Ich habe freilich
Da leicht reden, weil ich nie gespien.

Und der Himmel möge auch verhüten,
Daß es je geschieht. Ich stell mir bloß
Vor, wie unten deine Tüten
Landen in der Mutter Erde Schoß.

Andern Luft und Appetit verderben,
Kann ein schadenfröhlich freier Sport
Sein. Und niemand wird deswegen sterben.
Denn der Magen ist wie ein Abort.

Neidisches über einen Klo-Mann

Anfangs hat er kläglich gestöhnt,
Denn er war zuvor in der Küche
Kartoffelschäler und andere Gerüche
Von daher gewöhnt.

Er ist ebenso dumm wie faul.
Er öffnet die Türen zu den Aborten,
Und nach kurzen, blödsinnigen Worten
Über das Wetter hält er das Maul.

Nie ist er freundlich. Dennoch verehren
Ihn manche sehr;
Besonders die, die ihm hinterher
Handtücher stehlen und Nagelscheren.

Ich weiß nicht, warum ich mich vor ihm geniere.
Er läßt mir niemals zum Waschen Zeit,
Und durch seinen Geiz in bezug auf Papiere
Geriet ich schon oft in Verlegenheit.

Im Grunde ärgert's ihn, wenn man seine
Geräte benutzt.
Obwohl er niemals, auch nicht mal zum Scheine,
Daran etwas putzt.

»Gedenket des Alten,
Denn er muß alles reine halten!«
Schreibt er mit Seife, Frechheit und Ruhe
Jeden Morgen groß an den Spiegel.

Und dabei hat dieser Schweinigel
So ein vornehm nervöses Getue,
Das jeden zwingt, ihm viel Trinkgeld zu geben,
Und er zählt immer gleich nach, wieviel. – –

Ja, so ein bequemes, geldbringendes Leben
Zu führen, das wäre wohl jedermanns Ziel.

Unter Wasser Bläschen machen

Kinder, ein Rätsel! Hört mich an!
Wer es herausbekommt, kriegt Geld! – Wie kann
Man unter Wasser Bläschen machen?
Das müßt ihr versuchen – unbedingt! –
In der Badewanne. Und wenn es gelingt,
Werdet ihr lachen.

Von der Hand in den Mund

Ein bettelarmer, braver Mann,
Der Tag und Nacht nur Gutes sann
Und gar nichts mehr zu essen hatte
Als eine halbverweste Ratte,
Der auch kein Bett besaß zum Schlafen,
Der ging in seiner höchsten Not
Zu einem reichen, stolzen Grafen
Und bat ihn um ein Stückchen Brot.
Der Graf nahm das gewaltig übel
Und schlug mit dem Champagnerkübel
Den braven Bettler lächelnd tot.
Doch niemand wagte es, den Grafen
Für solche Freveltat zu strafen.
Und deshalb wurde sein Betragen
Dann mit den Jahren noch viel schlimmer. –

So manchen Leser hör' ich sagen:
Ja, ja! – ja, ja! – So ist das immer!

Ich aber denke still für mich:
Der Leser ist ein Gänserich.

Arbeitsloser Hofgesang

Wenn ich statt zwei vier Beine hätt,
Dann würde ich zwei zerhacken
Und würde sie mir backen.
Wer aber schenkt mir Schweinefett?!

Ich singe acht, neun Stunden lang,
Fast ohne jede Pause.
Wer nicht liebt Wein, Weib und Gesang –,
Der ist wohl nicht zu Hause.

Trotz Regen, Not und Sturmgebraus
Bleibt immer etwas hängen.
Ich schmeiß es raus. Man schmeißt mich raus

Wegen den Hofgesängen.

Stimme auf einer steilen Treppe

Drei Söhne hab ich bei die Ulanen verloren,
Mein Mann fiel aus dem dritten Stock.
Aber – es wird lustig weitergeboren!
Ich habe nur noch den einen, den Umstandsrock.

Macht es mir nach: Werdet schwanger, ihr Weiber!
Alle Weiber müssen schwanger sein.
Dann springen die Männer vor eure geschwollenen Leiber
Links und rechts beiseite und sind ganz klein.

Aller Anfang ist schwer.
Pfeift auf die Fehlgeburten und Mißgeburten. –
Wenn nicht immer mal wieder zwei Menschen hurten,
Blieben zuletzt die Wirtshäuser leer,
Gäb's keine Soldaten mehr.

Die Schweinerei ist nun doch einmal Sitte und Brauch.
Gott hat uns Weiber zu Schöpferinnen gesalbt.
Schiebt also trotzig euren geladenen Bauch
Über die Friedhöfe hin. – Und kalbt!

Worte eines durchfallkranken Stellungslosen
in einen Waschkübel gesprochen

Bloß weil ich nicht aus Preußen gebürtig.
Wo hab ich nur den Impfschein verloren?
Das lange Warten auf den Korridoren,
Das ist so un –, so unwürdig.
Wären wenigstens meine Haare geschoren.
Und den Durchfall habe ich auch.
Das geht mitten im Gespräch plötzlich eiskalt
                                    aus dem Bauch.

Als mich Miß Hedwin erkannte und rief,
Die hab' ich vor Jahren, in Genf, einmal – versetzt.
Nun sind meine Absätze schief.
Und sie trug ein Reitkleid und fütterte Kücken.
Aber ich darf mich nicht bücken.
Denn meine – ach mein ganzes Herz ist zerfetzt.

Ob ich gespeist habe?
Ob mir die Hecke gefiele?
Ja ich habe – gespeist. – (In Genf!
Und zuletzt, vor drei Tagen, Semmel mit Senf)
Und mich können alle Hecken
Am Asche –.

Vergessen sei Genf, vergessen die ganze Schweiz!
Dürfte ich nur noch einmal in Seifhennersdorf oder Zeitz
Steine klopfen.
Ach! – ich möchte jenem verdammten
Stellenvermittlungsbeamten
Siebzehn Legitimationspapiere meines Großvaters
                                        mütterlicherseits
In den Rachen stopfen!

Auch hat mich vorübergehend durchzuckt:
Ich wollte sterben nach einer grellen Raketentat.
Ich habe Lysol und einen Drillbohrer verschluckt.
Ich sandte ein Kuvert an den Hamburger Senat;
In das Kuvert hatte ich kräftig gespuckt.

Aber niemand glaubt an den Dreck.
Nun ist meine Seife weg;
Irgend jemand stöbert in meinen Taschen. –

Ich kann mir doch nicht
Das Gesicht
Mit einem Bouillonwürfel waschen.

Nun warte ich auf gigantisches Weltgeschehn.
Wenn's mich – zusammen mit den andern –
                                        zerfleischt,
Wenn das Sterben der anderen, Glücklichen
                                mich umkreischt,
– Dann –
Dann will ich mir eine Zigarette drehn!

Mutter Frühbeißens Tratsch

Wenn der über die Straßen ging:
Sechs Schritte vor ihm wurden die Vögel stumm,
Fielen die Pferde, kippte die Trambahn um,
Stürzte die Schwalbe herab und der Schmetterling,
Erbrachen sich Damen, krümmten sich Hunde. –

So roch das Schwein aus dem Munde.

Aber der kann nichts dafür.
Die Frau von dem Sohn, wo Paula die Semmeln holt,
                                neben Weyl,
Deren Schwester hat auch solch ein Magengeschwür.
Das kommt gar nicht aus dem Halse. Im Gegenteil.

Da hilft kein Pfeffermünz und kein Höllenstein.
Kein Tabak. Alle Säuren hat der durchgekostet.
Die ganze Zunge ist ihm schon hinten zerrostet.

Und stinkt immer noch wie ein Schwein.

Das geht auf keine Kuhhaut, was der erduldet.
So einer ist ja zu nichts zu gebrauchen.
Und will doch auch einmal atmen wie wir, und hauchen.

Wenn er mir auch noch sieben Mark schuldet.

Morsche Fäden

Zu einem Trödler
Kam ein Greis mit einer sauern
Gurke,
Sprach: »Ich bin ein Gnadenbrötler
Bei einem Bauern.
Der ist ein Schurke.

Diese Gurke bringe ich aus Not.
Kleine Knöpfe möchte ich dafür.
Denn man kann sich nicht mit Gnadenbrot
Knöpfe kaufen für die Hosentür.«

Und der Trödlersmann verschmähte
Nicht die Gurke noch des Greises Wort,
Denn der kam ihm sehr bedürftig vor,
Sondern bückte sich und nähte
Hundert goldne Knöpfe ihm sofort
Eigenhändig an das Hosentor.

Und der Greis sprach: »Danke« und verneigte
Sich und ging mit offnem Hosenlatz

Selig durch die Straßen, und er zeigte
Allen Menschen seinen goldnen Schatz.

Bis ihn schließlich ein gewisses
Schicksal in ein Irrenhaus berief,
Ob Erregung öffentlichen Ärgernisses.
Bis er Knöpfe schluckte und entschlief.

Wenn die sich Künstler einladen

Sie haben dich eingeladen
Und bieten dir nichts
Als nur den Schein ihres Lichts.
Und wollen doch in dir baden.

Sie haben auch dich gehabt.
Ihr Gästebuch wird dich nennen.
Sie waren so begabt,
Dich zu kennen.

Dir wird neben Speise und Trank
Jedweder Luxus serviert.
Beim Abschied zahlst du geniert
Den armen Dienern noch ärmeren Dank.

Und dann, daheim, bist du krank.

Geld allein

Wie gut, daß alle einander nicht gleichen.
Wie recht, daß manche es erreichen,
Daß sie eines Tages reich sind.
Wie gut, daß auch diese einander nicht gleich sind.

Schlechte Menschen ohne Geist, ohne Geschmack,
Wenn sie noch so reich sind, bleiben nur Pack.

Letzter Ritt
Eine Sentimenze

Ein Mädchen ritt
Ihren Schimmel
Zum Schlachter
Im Schritt
Nach dem Städtchen.
Gott regnete
Und segnete
Das traurige Mädchen.

Da vergoß es
Eine Träne
In die Mähne
Des Rosses
Und ritt weiter hin.
Als der Schlachtersknecht,
Etwas angezecht,

Jener Reiterin
Guten Morgen bot,
War sie tot.

Ein Gewitter
Brach vom Himmel.
Und der Schimmel
Schmeckte bitter.

Kniebeuge

Kniee – beugt!
Wir Menschen sind Narren.
Sterbliche Eltern haben uns einst gezeugt.
Sterbliche Wesen werden uns später verscharren.
Schäbige Götter, wer seid ihr? und wo?
Warum lasset ihr uns nicht länger so
Menschlich verharren?
Was ist denn Leben?
Ein ewiges Zusichnehmen und Vonsichgeben. –
Schmach euch, ihr Götter, daß ihr so schlecht
uns versorgt,
Daß ihr uns Geist und Würde und schöne Gestalt
nur borgt.
Eure Schöpfung ist Plunder,
Das Werk sodomitischer Nachtung.
Ich blicke mit tiefster Verachtung
Auf euch hinunter.
Und redet mir nicht länger von Gnade und Milde!
Hier sitze ich; forme Menschen nach meinem Bilde.

Wehe euch, Göttern, wenn ihr uns drüben erweckt!
Beine streckt!

Worte in den Wind

Sei mir gegrüßt, du, den ich meine,
Und sende mir dreihundert Dollar zu
Und laß mich sonst im übrigen in Ruh,
Auf daß ich einmal über Großmut weine.

Besuche mich, wenn ich einmal allein bin,
Du fremde schöne und gewisse Frau!
Sei mir die ideal ersehnte Sau,
Doch sage nicht von mir, daß ich ein Schwein bin.

Wagt euch empor, die ich so gerne riefe,
Ihr einflußreiche, starke Knechtebrut!
Verbreitet mich und zieht vor mir den Hut
Und sagt mir schmeichelnd superste Lative.

Vergeßt mich nicht, ihr Freunde, die's nicht gibt,
Helft, Edelste, mir, wenn ich in Gefahr bin,
Bestätigt laut, daß ich so rein und wahr bin
Und daß ihr mich ob meiner Schlichtheit liebt.

Du erhabnes, über Welt und Sternen
Ragendes und höchstes Etwas, komm!
Denk von mir, der kennen dich zu lernen
Nie die Ehre hatte: Der ist fromm!

Selbstverständlich sollst du ewig thronen! –
Bitte, bitte, mach mich niemals krank.
Könntest du – im voraus tiefen Dank –
Mich vielleicht auch mit dem Tod verschonen?

Ich kann lügen, daß allen graust

Zum Keulenschwingen

Die Merowinger sind weit verzweigt.
Es lebte ein Merowinger,
Den die Geschichte uns leider verschweigt,
Ein wackerer Keulenschwinger.

Mit beiden Händen und Leidenschaft
Schwang er die Keulen, die schönen.
Er schwang sie mit barbarischer Kraft
Unter leisem teutonischen Stöhnen.

Er teilte die Lüfte und teilte vorbei
Mit seiner gewuchtigen Keule.
Er schlug seiner Mutter die Backe entzwei,
Erschlug seine Kinder und Gäule.

Erschlug mit übernatürlicher Kraft
Des Königs wieherndes Vollblut.
Da wurde er aber fortgeschafft
In eine Zelle für Tollwut.

Man nahm ihm die Keule, er konnte nicht mehr
Sie schwingen in sausenden Kurven.
Die Zelle ward still und nahezu leer,
Man hörte nur Schritte schlurfen.

Doch eines Tages dröhnte es dumpf.
Der Wächter tät sich beeilen.
Da sah er einen niedrigen Rumpf
Mit seinen leibeigenen Keulen
Die Wände der Zelle verbeulen.
Da fing der Mann an zu heulen.

Das Terrbarium

Das war meine Erfindung:
Vor allen Dingen muß man die Tiere lebendig pressen.
Anfangs kostet es Überwindung,
Aber schließlich wird nichts so heiß gekocht
                             wie gegessen.
Die Presse muß mindestens sechs Quadratmeter messen.

Meine Anlage war ein technisches Wunder;
Riesensäle, um die getrockneten Bestien
Übersichtlich hübsch an der Wand zu befestigen.
Denn ein geplättetes Nashorn ist keine Flunder.
Wegen der Dickhäuter und et cetera
Brauchte ich selbstverständlich elektrische Kraft. –
Doch ich speiste mit dem herausfließenden Saft
Sämtliche Waisenkinder von Zentralamerika.
Ganz abgesehen von der Naturwissenschaft.

Manches läßt sich nicht beim erstenmal schaffen.
Oftmals zappelt und zuckt noch der Hals,
Wenn der Unterkörper schon platt ist, so bei den Giraffen.
Und ich besinne mich eines noch schwereren Falls.

Um meine Sammlung zu komplettieren,
Wollte ich auch einen Menschen so präparieren.
Jene Miß Hamsy, die ich dazu erkor,
War eine ernste, wohlgebaute Mulattin,
Leichthin sommersprossig und Zollwächters Gattin.
Und der setzte ich Arrak mit Blumenkohl vor,
Sagte, das sei Barbarossas Lieblingsgericht,
Las ihr zwei Novellen von Freiherrn v. Schlicht.
Bis sie langsam das Bewußtsein verlor.
Als ich sie dann im Dunkeln entkleidet hatte,
Legte ich sie behutsam tastend auf die untere Platte,
Kurbelte an. Doch sie erwachte dabei.
Aber ich suchte sie taktvoll bescheiden zu trösten:
Wieviel schlimmer es wäre, lebendig zu rösten,
Und daß die Presse nicht zu umgehen sei.

Nichts stimmt trauriger als ein menschlicher Todesschrei.
Aber was bedeutet solch kurzer Ton
Gegen die furchtbaren Greuel der Vivisektion!
Und wie Miß Hamsy dann an der Wand die vierte
Halle für Säugetiere und Eidechsen zierte,
Hat ihr Anblick jeden Besucher gebannt.
Die Kritiken hörten nicht auf sie zu loben.
Bis sich schließlich die Popolaca erhoben.
Diese Indianer haben das ganze Museum niedergebrannt.
Alles haben mir diese Schweine gestohlen.
Aus Miß Hamsy schnitten sie Mokassinsohlen.
Was ein Barbar ist, hat weder Kultur noch Geschmack.
Aber einen von ihnen erwischte ich später,
Kochte ihn lebend mit Kienharz und Wasserstoff-Äther.
Und den Kerl verbrauche ich heute als Siegellack.

Meine Tante

Meine Tante ist eine Blinde
Und obendrein geistesgestört,
Was ich doch noch rüstig empfinde,
Weil sie auf dem einen Ohr hört.

Ihr Rückgrat ist wie ein Henkel.
Sie geht deshalb etwas gebückt.
Doch hat sie am oberen Schenkel
Ein Grübchen, das jeden entzückt.

Ein Grübchen, wie manch eine Haut hat,
Nur zarter und doch wieder stark,
Daß jeder, der es geschaut hat,
Erfreut etwas zahlt. Meist drei Mark.

Sie hat Perioden mit Äther.
Ich breche mitunter mit ihr
Beziehungen ab, die ich später
Erneure bei angeblich Bier.

Denn sie ist doch eine volle
Mimosengestalt, ein Genie,
Und immer noch unter Kontrolle.
Ich garantiere für sie.

Mein harmlos Lied

In einem Untertäßchen
Voll Schnee und Rosenlikör
Erwachte das kleine Prinzeßchen.

Noch ganz verschlafen und ohne Gehör
Gewahrte sie mit Erröten
Auf ihren niedlichen Brüsten
Sechsundvierzig breite Warzenkröten,
Die sich gegenseitig auf den Podex küßten.
Und schrie, als sie sowas erblickte:
»Pfui Keks!« Woran sie erstickte.

Und nun ist in jeder Zeitung zu lesen:
Sie sei ein großer Schweinigel gewesen.

Strassenbahn 23 und 13

Was nur in Frankfurt sich begibt:
Die Trambahn hielt auf offner Strecke.
Sie sah am Wege eine *Schnecke*
Und sagte gähnend: »Steigen Sie ein, wenn es
Ihnen beliebt.«
Die Schnecke wehrte: »Danke, mir *pressiert* es.«
Da gab die Bahn ein Abfahrtssignal und noch eins
und ein drittes und viertes.
Und wirklich begann sie allmählich weiter zu fahren,
Um noch vor Sonntag die nächste Station zu erreichen.
Dort lagen an dreihundert Leichen,
Lauter Leute, die über dem Warten verhungert waren.

Reklame

Ich wollte von gar nichts wissen.
Da habe ich eine Reklame erblickt,
Die hat mich in die Augen gezwickt
Und ins Gedächtnis gebissen.

Sie predigte mir von früh bis spät
Laut öffentlich wie im stillen
Von der vorzüglichen Qualität
Gewisser Bettnässer-Pillen.

Ich sagte: »Mag sein! Doch für mich nicht! Nein, nein!
Mein Bett und mein Gewissen sind rein!«

Doch sie lief weiter hinter mir her.
Sie folgte mir bis an die Brille.
Sie kam mir aus jedem Journal in die Quer
Und säuselte: »Bettnässer-Pille.«

Sie war bald rosa, bald lieblich grün.
Sie sprach in Reimen von Dichtern.
Sie fuhr in der Trambahn und kletterte kühn
Nachts auf die Dächer mit Lichtern.

Und weil sie so zähe und künstlerisch
Blieb, war ich ihr endlich zu Willen.
Es liegen auf meinem Frühstückstisch
Nun täglich zwei Bettnässer-Pillen.

Die ißt meine Frau als »Entfettungsbonbon«.
Ich habe die Frau belogen.
Ein holder Frieden ist in den Salon
Meiner Seele eingezogen.

Die Ausgetretenen

Die Freifrau Berta von Sade,
Die hielt sich auf ihrem Schloß
In der Männerretirade
Einen Löwen, so groß wie ein Ponyroß.

Bei ihren berüchtigten, tollen,
Staubaufwirbelnden Gastmählern sollen
Die Frauen in Hosen gegangen sein
Und schenkten den Männern ein sehr viel Wein.
Sämtliche Männer verschollen.

Als keine Männer mehr kamen,
Trat die Freifrau den Löwen entzwei,
Erwürgte sämtliche Damen
Und verwichste zwei Herren, die kamen
Im Namen der Polizei.

Dann trank sie Benzin und verschlang hinterher
Plumpudding. Und schrieb an die Feuerwehr.
Nun ist die Stätte wüst und leer,
Nur mehr eine kahle Ruine.
Weil auf dem Löwenurine
Kein Blümelein gedeiht noch Kraut.

Und das ist jammerschade.
Denn dort liegt Berta von Sade
In Asche und wurde viel verdaut.

Ballade

Tief im Innersten von Sachsen
Überfielen eines Abends zwei
Halbwüchsige Knorpel von Schweinshaxen
Eine Bulldogge aus der Walachei.

Sie umzingelten den alten Hund.
Hinterlistig wollten sie das matte
Tier, das keine Zähne mehr im Mund
Und auch keine Haare darauf hatte,

An den Augen treffen, hinterher
Ihm die Zunge schlitzen und durch Zwicken
Seinen Gaumen reizen und noch mehr,
Um zuletzt ihn plötzlich zu ersticken.

Wollten so. Jedoch es kam nicht so.
Denn die Dogge, ohne sich zu wehren,
Zog den Schwanz ein, heulte laut und floh
Und begann sofort sich zu vermehren.

Und die neuen jungen Hunde knurrten
Schon am selben Tag, als man sie warf,
Hatten spitze Zähne, und sie wurden
Ganz speziell auf Haxenknochen scharf.

Und die Enkelhunde bissen später
Jede Haxe ohne Unterschied.
Und so rächt die Sünde sich der Väter
Bis ins tausendste und letzte Glied.

Das Lied von der Hochseekuh
(Chanty zum Tauziehen)

Zwölf Tonnen wiegt die Hochseekuh.
Sie lebt am Meeresgrunde.
Ohei! – – Uha!
Sie ist so dumm wie ich und du
Und läuft zehn Knoten in der Stunde.
Ohei! – – Uha!

Sie taucht auch manchmal aus dem Meer
Und wedelt mit dem Schweife.
Ohei! – – Uha!
Und dann bedeckt sich rings umher
Das Meer mit Schaum von Seife.
Ohei! – – Uha!

Die Kuh hat einen Sonnenstich
Und riecht nach Zimt und Nelken.
Ohei! – – Uha!
Und unter Wasser kann sie sich
Mit ihren Hufen melken.
Ohei! – – Uha!

Grog und Märchen

Kuttel Daddeldu und die Kinder

Wie Daddeldu so durch die Welten schifft,
Geschieht es wohl, daß er hie und da
Eins oder das andre von seinen Kindern trifft,
Die begrüßen dann ihren Europapa:
»Gud morning! – Sdrastwuide! – Bong Jur, Daddeldü!
Bon tscherno! Ok phosphor! Tsching – tschung!
                                        Bablabü!«
Und Daddeldu dankt erstaunt und gerührt
Und senkt die Hand in die Hosentasche
Und schenkt ihnen, was er so bei sich führt,
– – Whiskyflasche,
Zündhölzer, Opium, türkischen Knaster,
Revolverpatronen und Schweinsbeulenpflaster,
Gibt jedem zwei Dollar und lächelt: »Ei, ei!«
Und nochmals: »Ei, Ei!« – Und verschwindet dabei.

Aber Kindern von deutschen und dänischen Witwen
Pflegt er sich intensiver zu widmen.
Die weiß er dann mit den seltensten Stücken
Aus allen Ländern der Welt zu beglücken.
Elefantenzähne – Kamerun,
Mit Kognak begoß'nes malaiisches Huhn,
Aus Friedrichroda ein Straußenei,
Aus Tibet einen Roman von Karl May,
Einen Eskimoschlips aus Giraffenhaar,
Auch ein Stückchen versteinertes Dromedar.

Und dann spielt der poltrige Daddeldu
Verstecken, Stierkampf und Blindekuh,
Markiert einen leprakranken Schimpansen,
Lehrt seine Kinderchen Bauchtanz tanzen
Und Schiffchen schnitzen und Tabak kauen.
Und manchmal, in Abwesenheit älterer Frauen,
Tätowiert er den strampelnden Kleinchen
Anker und Kreuze auf Ärmchen und Beinchen.

Später packt er sich sechs auf den Schoß
Und läßt sich nicht lange quälen,
Sondern legt los:
Grog saufen und dabei Märchen erzählen;
Von seinem Schiffbruch bei Helgoland,
Wo eine Woge ihn an den Strand
Auf eine Korallenspitze trieb,
Wo er dann händeringend hängenblieb.
Und hatte nichts zu fressen und saufen;
Nicht mal, wenn er gewollt hätte, einen Tropfen
          Trinkwasser, um seine Lippen zu benetzen,
Und kein Geld, keine Uhr zum Versetzen.
Außerdem war da gar nichts zu kaufen;
Denn dort gab's nur Löwen mit Schlangenleiber,
Sonst weder keine Menschen als auch keine Weiber.
Und er hätte gerade so gern einmal wieder
Ein kerniges Hamburger Weibstück besucht.
Und da kniete Kuttel nach Osten zu nieder.
Und als er zum drittenmal rückwärts geflucht,
Da nahte sich plötzlich der Vogel Greif,
Und Daddeldu sagte: »Ei wont ä weif.«
Und der Vogel Greif trug ihn schnell

Bald in dies Bordell, bald in jenes Bordell
Und schenkte ihm Schlackwurst und Schnaps und
so weiter. –
So erzählt Kuttel Daddeldu heiter, –
Märchen, die er ganz selber erfunden.
Und säuft. – Es verfließen die Stunden.
Die Kinder weinen. Die Märchen lallen.
Die Mutter ist längst untern Tisch gefallen,
Und Kuttel – bemüht, sie aufzuheben –
Hat sich schon zweimal dabei übergeben.
Und um die Ruhe nicht länger zu stören,
Verläßt er leise Mutter und Göhren.

Denkt aber noch tagelang hinter Sizilien
An die traulichen Stunden in seinen Familien.

Nach dem Gewitter

Der Blitz hat mich getroffen.
Mein stählerner, linker Manschettenknopf
Ist weggeschmolzen, und in meinem Kopf
Summt es, als wäre ich besoffen.

Der Doktor Berninger äußerte sich
Darüber sehr ungezogen:
Das mit dem Summen wär' typisch für mich,
Das mit dem Blitz wär' erlogen.

An Land, die Whiskyberauschten

Wir sind betrunken wie die Wellen
Im Stillen Ozean.
Das hat uns armen Gesellen
Der Whisky angetan.

Wir glotzen stur in das Leben
Wie ein gekochter Fisch.
Wenn wir uns jetzt erheben,
Liegen wir unter dem Tisch.

So bleiben wir besser noch sitzen
Und trinken immer noch mehr.
Und unsere Nasen schwitzen
Sehr.

Wir wollen alle alle nur noch lallen
Und brüllen wie ein Rind,
Daß wir den Leuten gefallen,
Die nüchtern sind.

Fünf über ein Thema

I.

Einst war ich Seemann. Ich habe seitdem
Einen schwankenden Gang. Nun tuscheln
Die Menschen manchmal gedankenbequem
Hinterm Rücken oder ganz offen:
»Der Kerl ist wieder besoffen.«

II.

Ich kann oft Menschen nicht wiedererkennen
Noch ihrer erinnern. Ich kenne zu viel.
Das ist keine Pose, das ist kein Spiel.
Die, die mich deshalb betrunken nennen,
Die treffen mich, aber nicht ihr Ziel.

III.

Man schämt sich immer von neuem zu fragen,
Und weil ich leider so schwerhörig bin,
Gebe ich oft lieber Antworten hin,
Die gar nichts besagen. Ich gelte dann
Bei vielen für den berauschten Mann.

IV.

Vor dem Vatikan in Rom
Lag ein Atom.
Ich stolperte so von ungefähr
Darüber. Die Menge meinte,
Daß ich nicht nüchtern wär. –
Nur das Atom weinte.

V.

Ich ging vom Herrenabend um drei
Früh heim, meiner Ansicht nach nüchtern,
Und biß unterwegs aus Scherz und fast schüchtern
Einem Schutzmann die untere Nase entzwei.
Da hat dieser dreiste Lümmel gewagt,
Mich anzuzeigen. Hat unter Eid
Vor sieben Zeugen laut ausgesagt:

Ich sei angeheitert gewesen. –
Dieser Beamte tut mir leid.

Siegerstimmung

Ich habe gekämpft einen Boonekampf –
Blackberry Brandy, Muskatnuß –
In Angostura und Pulverdampf
Stand ich. (Wie jeder Soldat muß.)
Ich mußte vor Bitterkeit im Kakao
Die Milch und den Zucker entbehren.
Ich dachte an meine und manche Frau
Und litt und kämpfte im Leeren.

Und habe gesiegt, der dünne Feind wich,
Nun sitz ich mit wehender Fahne
Im Wirtshaus und stopfe und gieße in mich
Bier, Hering, Torte und Sahne.

Entschuldigungsbrief

Mein lieber S., als ich am andern Tag
Erwachte, wußte ich nicht mehr Genaues.
Ich hab ein rotes Auge, Ruth ein blaues.
Wie sich das zugetragen haben mag!!

In meinem Anzug klebt ein Pfund Spinat.
Wie kam das nur? Ich weiß nur noch, daß Deine

Frau oder Oskars in den Spiegel trat.
Doch wer goß Hermann Suppe auf die Beine?

Ich gebe zu, daß ich den Anlaß gab.
Ich war besoffen wie noch nie seit Wochen.
Verzeiht mir, was ich ge-, zer- und verbrochen
Und daß ich Fips mit Wachs beträufelt hab.

Nun sind wir alle plötzlich jäh entzweit
Und waren Freunde, die nie beßre finden.
Man sollte bei solch reicher Festlichkeit
Lieber mehr essen und sich überwinden.

Wie war die Bowle gut und der Fasan!
Vorbei. – Am liebsten würd ich mich erhängen. –
Verdammt nicht ganz den, der das Porzellan
Euch gern ersetzen will. Ohne sich aufzudrängen.

Ein Schuft, wer mehr stirbt,
als er sterben muß

Seemannsgedanken übers Ersaufen

Ich sterbe. Du stirbst. Er stirbt.
Viel schlimmer ist, wenn ein volles Faß verdirbt.
Aber auch wir wollen erst ausgetrunken sein.
Besauft euch beizeiten.
Alle Flüssigkeiten
Finden sich wieder ins Meer hinein,
Wo wir den Schwämmen gleich sind,
Wo uns nichts gebricht,
Weil wir weich sind.
Und wenn man in eine Leiche sticht:
Sie fühlt es nicht.
Wird mich nie mehr acht Glasen wecken,
Will ich gerne den Fischen wie Hackfleisch mit Rührei
                                      schmecken.
Weil das mit Sinn so geschieht,
Denn die haben gewiß nicht vergessen,
Wieviel Schollen wir in uns hineingefressen.
Nur bei den Würmern im Sarge ist ein Unterschied.
Wenn uns der Haifisch beim Wickel kriegt –
Das müßte mal einer malen!
Was da wohl alles so unten beisammenliegt –
Zerbrochene Schiffe, Krebse und Apfelsinenschalen.
Frisch ersoffen also und nicht gejammert,
Aber natürlich auch nicht zu übereilt;

Wer sich nicht tapfer noch an die letzte Handuhle
                                        klammert,
Der ist im Leben nie um die Horn gesailt.
Ein Schuft, wer mehr stirbt, als er sterben muß!

Aber muß es sein, dann nicht schüchtern.
Ersaufen ist auch ein Genuß,
Und vielleicht wird man dann nie mehr nüchtern.
Denn nur über das Fleisch und die Knochen
Weiß man was, offenbar.
Aber sonst hab' ich noch keinen gesprochen,
Der richtig ersoffen war.

Amberg

Ich möchte ein Hecht sein,
Recht bissig und schlecht sein,
Unter Wasser und stumm
In der Vils in der Pfalz.
Das Wasser dort hat kein Salz.
Die im trüben fischen,
Würden mich bald erwischen.
Sie würden mich haun
Und spicken und kochen
Und mir dann vertraun,
Mich essen, verdaun,
Und nach Jahren und Wochen
Würde ich heilig gesprochen.
Man würde mich preisen.
Kein Gasthof zur Linken und keiner zur Rechten,

Ein mittlerer würde dann nach mir heißen:
»Gasthof zum Hechten«.

Heimweg

Babette starb – noch vor erhoffter Zeit. –
Bei ihrer Nichte stand ein Sarg bereit.
Und diese Nichte fuhr mit ihrem Gatten
Nebst Leiche und mit Höchstgeschwindigkeit
Im Leichenauto zum Bestatten.

Doch was kommt in Berlin nicht alles vor;
Und eben deshalb hatte der Chauffeur
In einem Ladenfenster links am Brandenburger Tor
Malheur.

Aus Autotrümmern, Scherben und Korsetten
Zog man Chauffeur nebst Nichte, nebst Gemahl
ganz tot hervor.

Die Leiche nur (wir sprechen von Babetten)
Vermochte sich zu retten.
Da sie zum Glück nur scheintot wesen war,
Ging sie jetzt heim und lächelte sogar.

Schindluder

Es war ein Pferd, das war ergraut
Und wurde deshalb abgebaut.
Man nahm zuerst ihm seine Haut.
O nein, da liegt ein Irrtum vor,
Weil es zuvor den Schwanz verlor.

Es schleppte Lasten, schwitzte Blut.
Das Roßfleisch schmeckt dem Hunger gut.

Die Peitsche hieb auf mürbe Knochen.

Dann ist das Pferd zusammenbrochen.

Aus dem Kadaver aber floh
Ein Pegasus, der furzte froh.

An den Mann im Spiegel

Du bist ein krummer, dummer Hund!
Und hast es doch so gut gehabt,
Bist gar nicht reich und bist gesund,
Auch großenteils nicht unbegabt.

Du altes Schwein im Trüffelbeet,
Weißt du auch stets, wie gut's dir geht?

Du, spring nicht über Schranken,
Die höher, als du selbst bist, sind.

Vergiß nie, täglich wie ein Kind
Für alles tief zu danken.

Antwort an einen Gelangweilten

Du mußt in Langerweile
Es einmal ausprobiern,
Mit einer Nagelfeile
Dich zu rasiern.

Du sollst an dem Schicksal nicht mäkeln,
Sollst nichts Lebendiges quäln.
Aber Hosenspitzen magst du häkeln
Und halblaut bis zweitausend zählen.

Und wenn nach tausendfünfhundert,
Sofern du alles recht präpariert
Hast, plötzlich dein Ofen laut explodiert,
Dann zeige dich maßlos verwundert.

Und eilt dann irgend jemand herbei
Aus Neugier und um was zu retten,
Dann frage: Was soll denn das dumme Geschrei?
Und schlage ihm ruhig das Hirndach entzwei
Und stopfe ihn still in die Betten.

Entfliehn und leugnen und irretun
Vermeide, denn das erschöpft sich.
Vertiefe dich in den Begriff Immun,
Doch sei überzeugt, man köpft dich.

In England leidet man am Strick.
In Deutschland unterm Beile
Ganz sicher keinen Augenblick
An Langerweile.

Einem Kleingiftigen

Vielleicht, daß ein Unverstandenes
Oder ein gar nicht Vorhandenes
Dich verdroß.
Und nun möchtest du heimlich erschießen
Und noch den Schrei genießen:
»Das war Tells Geschoß!«

Aber ein Pup ist kein Blitz.
Du mußt dich schon anders entladen.
Du mußt deinen eigenen Schaden
Riskieren und Mut verraten
Oder wenigstens Witz.

War's aber eine erkannte, bestimmte
Angelegenheit, die dich ergrimmte,
Etwa was Ungerechtes – – –
Ach, wieviel Schlechtes
Tatest du?!
Und klapptest stillschweigend den Deckel zu.

Hau doch in den Kartoffelsalat,
Daß die Sauce spritzt.
Das ist ein schlechter Soldat,

Der Blut erträumt
Und Rache schwitzt
Und vor Wut schäumt
Und dabei auf dem Lokus sitzt.

Oder leg' deinen Zorn, wenn du willst,
Als etwas Echtes, wenn auch nicht Stubenreines,
An deine eigene Brust, daß du ihn stillst,
Wie eine Mutter ihr Kleines.

Nach eines Jahrmarkts letzter Nacht
Ist in wenigen Stunden
Eine ganze Stadt voll blendender Zauberpracht
Kläglich verschwunden.

Gruß ins Blaue

Sehr verehrte, auserlesene,
Einmal nahe mir gewesene,
Nunmehr tote Damen und Herrn!

Ich hätte all Ihnen gar zu gern
Noch etwas vor dem Tode gesagt.

Hab ich versäumt oder nicht gewagt,
Zu sagen, wonach kein Toter fragt,
Liegt nun jede Aufdringlichkeit fern.

Dorthin, wo Sie jetzt weilen, reicht keine
Lüge. Sie wissen auch, wie ich es meine,
Wenn ich aus reuevollem Bedürfnis

Jetzt mit einem Whiskygeschlürfnis
X-wärts proste. Ich weiß, wer es wagen
Darf, eine Flunder noch breit zu schlagen.

Ehrgeiz

Ich habe meinen Soldaten aus Blei
Als Kind Verdienstkreuzchen eingeritzt.
Mir selber ging alle Ehre vorbei,
Bis auf zwei Orden, die jeder besitzt.

Und ich pfeife durchaus nicht auf Ehre.
Im Gegenteil. Mein Ideal wäre,
Daß man nach meinem Tod (grano salis)
Ein Gäßchen nach mir benennt, ein ganz schmales
Und krummes Gäßchen, mit niedrigen Türchen,
Mit steilen Treppchen und feilen Hürchen,
Mit Schatten und schiefen Fensterluken.

Dort würde ich spuken.

Rette sich wer kann

Fußball
(nebst Abart und Ausartung)

Der Fußballwahn ist eine Krank-
Heit, aber selten, Gott sei Dank.
Ich kenne wen, der litt akut
An Fußballwahn und Fußballwut.
Sowie er einen Gegenstand
In Kugelform und ähnlich fand,
So trat er zu und stieß mit Kraft
Ihn in die bunte Nachbarschaft.
Ob es ein Schwalbennest, ein Tiegel,
Ein Käse, Globus oder Igel,
Ein Krug, ein Schmuckwerk am Altar,
Ein Kegelball, ein Kissen war,
Und wem der Gegenstand gehörte,
Das war etwas, was ihn nicht störte.
Bald trieb er eine Schweineblase,
Bald steife Hüte durch die Straße.
Dann wieder mit geübtem Schwung
Stieß er den Fuß in Pferdedung.
Mit Schwamm und Seife trieb er Sport.
Die Lampenkuppel brach sofort.
Das Nachtgeschirr flog zielbewußt
Der Tante Berta an die Brust.
Kein Abwehrmittel wollte nützen,
Nicht Stacheldraht in Stiefelspitzen,
Noch Puffer außen angebracht.

Er siegte immer, o zu 8.
Und übte weiter frisch, fromm, frei
Mit Totenkopf und Straußenei.
Erschreckt durch seine wilden Stöße,
Gab man ihm nie Kartoffelklöße.
Selbst vor dem Podex und den Brüsten
Der Frau ergriff ihn ein Gelüsten,
Was er jedoch als Mann von Stand
Aus Höflichkeit meist überwand.
Dagegen gab ein Schwartenmagen
Dem Fleischer Anlaß zum Verklagen.
Was beim Gemüsemarkt geschah,
Kommt einer Schlacht bei Leipzig nah.
Da schwirrten Äpfel, Apfelsinen
Durch Publikum wie wilde Bienen.
Da sah man Blutorangen, Zwetschen
An blassen Wangen sich zerquetschen.
Das Eigelb überzog die Leiber,
Ein Fischkorb platzte zwischen Weiber.
Kartoffeln spritzten und Zitronen.
Man duckte sich vor den Melonen.
Dem Krautkopf folgten Kürbisschüsse.
Dann donnerten die Kokosnüsse.
Genug! Als alles dies getan,
Griff unser Held zum Größenwahn.
Schon schäkernd mit der U-Bootsmine
Besann er sich auf die Lawine.
Doch als pompöser Fußballstößer
Fand er die Erde noch viel größer.
Er rang mit mancherlei Problemen.
Zunächst: Wie soll man Anlauf nehmen?

Dann schiffte er von dem Balkon
Sich ein in einem Luftballon.
Und blieb von da an in der Luft,
Verschollen. Hat sich selbst verpufft. –
Ich warne euch, ihr Brüder Jahns,
Vor dem Gebrauch des Fußballwahns!

Der Athlet

Mein Name ist Murxis, der Kraftmensch genannt.
Meine Nahrung ist Goulasch vom Elefant
In einer Sauce des Stärkemehles.
Meine Heimat ist das Zentrum Südwales,
        Upsala!

Ich wurde durch einen Kaiserschnitt
Geboren, mit Hilfe von Dynamit.
Daß ich noch lebte, war reines Glück.
Von meiner Mutter blieb wenig zurück.
        20 kg mit dem kleinen Finger.

Man baute um mich eine Art von Dock.
Mit Strebestützen im 16. Stock
Eines Wolkenkratzers von Rockefeller.
Das Stockwerk brach, man fand mich im Keller
        Mit verschränkten Armen.

Ich war in allen Städten der Welt
Als Muster von Herkules ausgestellt.
Wer das bezweifelt – 5 Groschen –, der fordre

An der Kasse die Wachskabinettsordre.
Ich nenne mich selbst den Venus von Milo.
    Bruttogewicht: 200 Kilo!

Es haben mich Königinnen betastet.
Ich habe einmal drei Wochen gefastet
Und unternehme auch heute noch Schritte
Zu meiner Entlastung. Und deshalb bitte
    Ich die Herrschaften um ein kleines Douceur.

Ruf zum Sport

Auf, ihr steifen und verdorrten
Leute aus Büros,
Reißt euch mal zum Wintersporten
Von den Öfen los.

Bleiches Volk an Wirtshaustischen,
Stellt die Gläser fort.
Widme dich dem freien, frischen,
Frohen Wintersport.

Denn er führt ins lodenfreie
Gletscherfexlertum
Und bedeckt uns nach der Reihe
All mit Schnee und Ruhm.

Doch nicht nur der Sport im Winter,
Jeder Sport ist plus,

Und mit etwas Geist dahinter
Wird er zum Genuß.

Sport macht Schwache selbstbewußter,
Dicke dünn, und macht
Dünne hinterher robuster,
Gleichsam über Nacht.

Sport stärkt Arme, Rumpf und Beine,
Kürzt die öde Zeit,
Und er schützt uns durch Vereine
Vor der Einsamkeit,

Nimmt den Lungen die verbrauchte
Luft, gibt Appetit;
Was uns wieder ins verrauchte
Treue Wirtshaus zieht.

Wo man dann die sporttrainierten
Muskeln trotzig hebt
Und fortan in Illustrierten
Blättern weiterlebt.

Eis-Hockey

Wenn die Hockeyhölzer hackeln,
Wenn die Schlittschuhschnörkel schnackeln
Und die Gummischeibe schnellt
Mir ans Kinn anstatt zum Ziele,
Dann empfinde ich die Spiele

Einer sportlich reifen Welt.
Mehrmals, wie in früheren Wintern,
Setzen zwei sich auf den Hintern,
Was an sich mir sehr gefällt.

Doch ich habe einen Schnupfen
Und kein Taschentuch zum Tupfen.
Auch zerbrach mir mein Monokel.
Und der Kampf bleibt unentschieden.
Also geh ich unzufrieden
Heim. Und hab von dem Gehockel
Nur den fraglichen Gewinn:
Eine Beule links am Kinn.

Hinter mir klingt etwas froh
Etwa so:
»Dem Verband Zentralafrikanischer
            Eishockeyspieler drei Hurras!«
Hurra! Hurra! Hurra!

Aus meiner Kinderzeit

Vaterglückchen, Mutterschößchen,
Kinderstübchen, trautes Heim,
Knusperhexlein, Tantchen Rös'chen,
Kuchen schmeckt wie Fliegenleim.

Wenn ich in die Stube speie,
Lacht mein Bruder wie ein Schwein.

Wenn er lacht, haut meine Schwester.
Wenn sie haut, weint Mütterlein.

Wenn die weint, muß Vater fluchen.
Wenn er flucht, trinkt Tante Wein.
Trinkt sie Wein, schenkt sie mir Kuchen:
Wenn ich Kuchen kriege, muß ich spein.

Kurze Wichs

Kurze Wichs, du bist mei Freid
Wegen der Hygiene,
Läßt den Maderln zur Augenweid
Trutzbehaarte, nackte Beene.

Nur ein Mann von Schrot und Korn
Konnte dich erfinden.
Kurze Wichs, du bist von vorn
Wie die Fraun von hinten.

Kurze Wichs, du firmst den Bua,
Und dich liebt ein jeder,
Diar rhö holi da jua
Jodelt's dir vom Leder.

Kurze Wichs! – Hei, wie das knallt,
Wenn ich auf dich schlage!
Alles, alles, alles prallt
Ab, wenn ich dich trage.

Schneiderhüpfl vor dem Ochsen am Spieß

Ein Maß Bier und zwei Maß Bier
Und hundert Maß Bier und tausend Maß Bier.
So leben wir, so leben wir
An der Isar.
Und Kalbshaxn und Kalbshaxn.
Wir sind keine Preußen, wir sind keine Sachsen.
Wir sind keine Spießer.
Wir sind Genießer.

Oktoberfest im Mai, im August,
Oktober zu jeder Zeit.
Wir sind uns unserer selbst bewußt
Und jodeln aus herziger Brust:
»Immer kampfbereit!«

Wir sind urwüchsig und frei.
Wir sind international gesinnt.
Un, zwo, trois, gsuffa!
Es lebe unsere Polizei!
Wer unsere Behörden nicht liebt,
Der spinnt.
Wir sind tolerant.
Die preußischen Sauerein
Sind uns bekannt.
Kommt zum Oktoberfest!
Unterstützt unsere Brauerein!
Himmel Herrgott Sakrament!

Wie mag er aussehn?

Wer hat zum Steuerbogenformular
Den Text erfunden?
Ob der in jenen Stunden,
Da er dies Wunderwirr gebar,
Wohl ganz – – – oder total – – war?

Du liest den Text. Du sinnst. Du spinnst.
Du grinst – »Welch Rinds'« – Und du beginnst
Wieder und wieder. – Eisigkalt
Kommt die Vision dir »Heilanstalt«.
Für ihn? Für dich? – Dein Witz erblaßt.
Der Mann, der jenen Text verfaßt,
Was mag er dünkeln oder wähnen?
Ahnt er denn nichts von Zeitverlust und Tränen?

Wir kommen nicht auf seine Spur.
Und er muß wohl so sein und bleiben.
Auf seinen Grabstein sollte man nur
Den Text vom Steuerbogen schreiben.

Der wilde Mann,
die weiche Mann, das Vielemann

1

Auf! Laßt uns irgend jemanden erschlagen!
Sie fragen: Wen?
Wie feig schon, überhaupt zu fragen.
Halt irgendwen, den oder den.

So irgend jemand mitten aus der Mitte
Urplötzlich töten, hei, wie das belebt!
Weil's Aufsehn macht.
Denn Töten ist nicht Sitte,
Sondern ein Sport, vor dem die Mehrheit bebt.

Nicht solche töten, die uns Grund gegeben,
Noch etwa Greise oder Weib und Kind,
Auch laßt uns Töter gegenseitig leben,
Weil wir doch schließlich keine Henker sind.

Was über achtzig Jahr und unter zehn
Jahr ist, sind faule, unbrauchbare Drohnen.
Den andern aber muß man zugestehn,
Daß sie was leisten, und die laßt uns schonen.

2

Auf! Laßt uns all mitnander Ei-ei machen!
Auf! Fistet Pazi und seid friedlich froh!
Verklebt aus Liebe unter heitrem Lachen
Mit Bruderkuß den feindlichsten Popo.

Krieg, Haß und Neid und alle widrigen
Gefühle fort! Dem Herzen gebt Gehör!
Wir wollen uns freiwillig selbst erniedrigen.
Und wer uns anspeit, sei uns Parfumeur.

Ein Reich zu gründen und dafür zu werben
Gilt es, das ganz und gar dem Himmel gleicht.
Seid überzeugt: Wir werden drüber sterben.
Doch, wenn wir leben blieben, wär's erreicht.

3
Warum denn immer alles übertreiben?
Warum denn links? Warum denn rechts?
Um Gottes willen, laßt uns mäßig bleiben,
Nicht männlichen, nicht weiblichen Geschlechts.

Hübsch angepaßt und jede Reibung meiden!
Nicht hart, nicht weich! Nicht Ja, nicht Nein!
Auf alles hören und sich nie entscheiden.
Wer weiß, wie's kommt. Man muß gewappnet sein.

Denn golden ist der goldne Weg der Mitte.
Man ißt und zeugt und schläft schön ungestört,
Regt sich nicht auf um »danke« oder »bitte«
Und weiß und lebt und stirbt, wie sich's gehört.

Genau besehn

Genau besehn

Wenn man das zierlichste Näschen
Von seiner liebsten Braut
Durch ein Vergrößerungsgläschen
Näher beschaut,
Dann zeigen sich haarige Berge,
Daß einem graut.

Die Strömung

Die Strömung strömte Süd-Nord-West
Und bog sich dann im Bogen.
In ihrer Mitte kam ein Rest
Von einem Boot gezogen.

Dann kam ein Wasserleichelchen;
Es war von außen offenbar
Noch ziemlich frisch.
Dahinter trieb ein Speichelchen,
Das abgesondert war
Von einem Fisch.

Dem folgte sehr viel Kohlendreck,
Das Wasser wurde trüber.
Dann gondelte verdorbener Speck
Fischunterzupft vorüber.

Dann trieb ein Balken stumpf vorbei,
Dann nichts, dann ein Stück Dichtung,
Ein Flaschenkork und andrerlei, –
Alles in gleicher Richtung.

Dann kam ein Rest von einem Boot.
Ihm folgte eine gelbe
Chinesenleiche, stark zersetzt.
Und alles, was ich sah, war tot,
War unbedeutend und zuletzt
Im Grunde stets dasselbe.

Kühe

Wie in der ersten Frühe
Der Nebel feig
Sich dünne macht, stehn auf der Wiese Kühe,
Und eine davon klackst jenen erstaunlich
viel grünen Teig.

Als wie im Paradiese!
Warme Mastbäuche rauchen,
Rührende Rotzmäuler tauchen
In die Champagnerbläschen der Wiese.

Sie wandeln mit viehischer Majestät
Innerhalb ihrer Grenze,
Schieben das Restchen von Nervosität
In die Quaste ihrer Schwänze,

Und ihre Euter schwappeln und schlenkern
So hunds – glücklich gemein – –
Auch unter den Fürsten und ersten Künstlern
                                                und Denkern
Benehmen sich manche wie ein Schwein.

Ausflug nach Tirol

Kann man das Jodeln wohl
In meinem Alter lernen?
Nie war, wie in Tirol,
Ich derart nah den Sternen.

Ich sah vom Stripsenjoch
Drüben an steiler Wand
Leute aufs Totenkirchl kraxeln,
Wahrscheinlich Sachseln
Aus Hosenträgerland.
Aber kühn und schön war es doch.

Was ich um Hochwürden dann
Später in Sankt Johann
Sang, lebte und sprach in der »Post«,
Schmeckte wie Herz am Rost
Nach ausgegangener Hochtouristenkost.

Alm und Kuhstall, fette Weiden,
Bärenwirt und Sennerin –
Wo ich durchgegangen bin,
Schien mir alles zum Beneiden.

Nur die Wandervögel, die
Einem jede Poesie
Und den Appetit verleiden,
Mocht ich meiden.

Alle Tiroler sind
Keine Amerikaner.
Wäre ich eine Mutter mit Kind,
Ich nährte mein Kind mit Terlaner.

Im Kursalon in Kitzbühel
Da ist des Nachts der Sekt so kühel.
Ich muß die Gäste loben,
Die zur Musik dort oben
So vornehm tanzen und schweigen,
Um ja nicht mehr zu zeigen
Als ihre hochmodernen Garderoben.

Ich möchte ein wilder Gebirgsbach sein,
Klar, schäumend, rauschend und blinkend,
Unhaltsam kämpfend von Stein zu Stein
Mich an mir selber betrinkend.

Daß ich mein Kragenknöpfchen verlor,
Kommt schließlich auch einmal anderwärts vor.
Du, mein einziges Tirol,
Lebe wohl! Lebe wohl!

Die Simplicissimus-Bowle

Im Hofe links steht eine Tonne,
Am Himmel oben steht die Sonne,
Und zwischen Sonne und dem Faß
Steht Kathi mit der Ananas.
Besagtes Faß enthält statt Bier
Aqua und H_2SO_4
Und wenn (jetzt wird die Kathi blaß)
Der Schatten von der Ananas
Dann auf die Wassertonne fällt,
Dann – – ist die Bowle hergestellt.

Humorvolle Spinner

Spinnete Köpfe, gescheit und begabt,
Weil ihr einen Pieps, einen Vogel habt,
Verlachen euch manche und meiden
Euch. Ich mag euch leiden.

Ein Piepvogel lebt so hoch und frei
Über den Filzlatschen der Spießer.

Der Spießer meint: Ein Bandwurm sei
Kein stiller Genießer.

Doch Spießermeinung ist nicht mal so wichtig
Wie das, was aus Piepvogel fällt.

Nur der, der im Kopf nicht ganz richtig
Ist, lebt sich und unterhält.

Deutsche Sommernacht

Wenn die Pfirsichpopos
Sich im Sekt überschlagen.
Und der Teufel legt los,
Uns mit Mücken zu plagen.
Und wir füllen einmal reichlich bloß
Einem Armen Tasche und Magen.

Doch es blähn sich Männerbäuche.
Tabakblau hängt sich an Sträuche.
Wenn wir dann die Jacken ausziehn,
Und ein Bratenduft poussiert Jasmin – –

In das dunkle Umunsschweigen
Senden zwei entfernte Geigen
Schwesterliche Melodie.
Uns durchglüht ein Urgedanke.
Und es wechseln runde, schlanke
Frauenbeine Knie um Knie.

Und auf einmal lacht die Runde,
Weil ein Herr aus einem Hunde
Hinten einen Faden nimmt.

Wenn dann wirklich alles, alles lacht,
Dann ist jene seltne deutsche Nacht,
Da mal alles stimmt.

Liedchen

Die Zeit vergeht.
Das Gras verwelkt.
Die Milch entsteht.
Die Kuhmagd melkt.

Die Milch verdirbt.
Die Wahrheit schweigt.
Die Kuhmagd stirbt.
Ein Geiger geigt.

Ringelnatz – ein Boshafter?

Joachim Ringelnatz, mit bürgerlichem Namen Hans Böttticher, geboren 1883 in Wurzen bei Leipzig, gestorben 1934 in Berlin; wir kennen ihn als den zärtlichen Dichter von Versen wie: »Ich habe dich so lieb. / Ich würde Dir ohne Bedenken / Eine Kachel aus meinem Ofen schenken.« Wir kennen ihn als den Erfinder des Suahelischnurrbarthaars. Und wir kennen ihn als den Seemann Kuttel Daddeldu, der verrückte und nicht ganz nüchterne Geschichten erzählt. Aber boshaft? Oh ja – er kann auch das. Und er hat allen Grund dazu, denn das Leben ist nicht immer gut zu ihm.

Das fängt schon mit seinem Gesicht an. Schon als junger Mensch erfährt er so manche Zurücksetzung, vor allem wegen seiner Nase. Ringelnatz leidet unter seinem Aussehen, und er ist überzeugt davon, daß sein Leben ganz anders verlaufen wäre, hätte er ein anderes Gesicht gehabt. Möglicherweise trägt dies mit dazu bei, daß er schon früh den Entschluß faßt, Seemann zu werden; gelegentliche Andeutungen lassen dies immerhin vermuten, aber wahrscheinlich ist es bloße Abenteuerlust, die ihn veranlaßt, das wohlsituierte Familienleben zu verlassen, um in der Fremde sein Glück zu suchen. Es wird lange dauern, bis er es findet, und es ist auch dann nur ein kleines, brüchiges Glück, das er obendrein um einen hohen Preis erkauft.

Mit 18, gerade eben mit Ach und Krach den Abschluß der Realschule hinter sich, wird er Schiffsjunge. Er befährt unter erbärmlichen Bedingungen die Weltmeere, um nach drei Jahren völlig abgebrannt zurückzukehren. Resigniert absolviert er eine Lehre als Kaufmann, arbeitet danach einige Monate als Kommiß einer Dachpappenfabrik in Leipzig und Frankfurt am Main, geht dann aber doch wieder von heute auf morgen auf Wanderschaft nach England. Nach seiner Rückkehr versucht er sich, von der Not getrieben, in den unterschiedlichsten und sonderbarsten Berufen, scheitert und versucht es von neuem.

Fast zwanzig Jahre geht das so, aber es ist nicht nur Abenteurerlust und Unbeständigkeit, die ihn umtreibt. Ringelnatz ist auf der Suche nach sich selbst. Und er hat ein Ziel. Er will Dichter werden; kein einfaches Unterfangen für einen jungen Mann, der weder über Vermögen noch über die notwendige Bildung verfügt. Gedichte schreibt er schon seit seiner Kinderzeit, scherzhafte vor allem, mit denen er seinem Vater nacheifert, später dann Ernsthaftes, das einen melancholischen und grüblerischen jungen Mann erraten läßt. Ebensolche Gedichte trägt er vor, als er 1909, inzwischen in München angekommen, die Künstlerkneipe Simplicissimus entdeckt. Er erntet lediglich höflichen Applaus, denn im Simpl ist man scharfzüngige Dichter wie Frank Wedekind, Erich Mühsam und Ludwig Scharf gewohnt.

Ringelnatz läßt sich auch dadurch nicht entmutigen. Er schreibt ein langes Gedicht, in dem er die Gepflogenheiten des Lokales persifliert und diesmal hat er Erfolg. Er wird zum Hausdichter ernannt und trägt bis 1920, unterbrochen vom Krieg, immer wieder Gedichte vor – Gedichte, die er eigens für den Simpl schreibt, aber zunehmend auch solche, aus seinem stetig größer werdenden Repertoire. Die Rolle des Hausdichters gefällt ihm nicht lange, aber er lernt in dieser Zeit einflußreiche Menschen kennen, gewinnt neue Freunde und gerät so in den Kreis der berüchtigten Münchner Bohème.

Sein Problem bleibt das Geld. Hausdichter ist ein Ehrentitel, von dem er nicht leben kann, weswegen er weiterhin auf der Suche nach einem geeigneten Beruf bleibt. Bis 1920 verdient er seinen Lebensunterhalt unter anderem als Bibliothekar, Schaufensterdekorateur und Tabakhändler, er schreibt und veröffentlicht Gedichte (*Die Schnupftabaksdose*, 1912) und Novellen (*Ein jeder lebt's*, 1913), alles mit mäßigem Erfolg. Eine weitere Durststrecke also für den nicht mehr ganz so jungen Dichter, der immer noch davon träumt, von seiner Feder leben zu können.

Sein Traum geht in Erfüllung, als er 1920, aus dem Krieg zurückgekehrt nach München, wieder im Simpl auftritt, wo er von Hans von Wolzogen entdeckt und für das Berliner Kabarett »Schall und Rauch« engagiert wird. Im Alter von 37 und seit kurzen mit Lona Piper (Muschelkalk) verheiratet, beginnt er eine Karriere als »Reisender Artist« und tritt von nun an bis zu seinem Lebensende auf den Kleinkunstbühnen des In- und Auslands auf. Und obwohl er ständig unterwegs ist, findet er nun die Zeit zum Schreiben. Nahezu jährlich erscheint über die nächsten 15 Jahre ein Buch von Joachim Ringelnatz, wie er sich seit 1919 nennt.

Wenn man so will, hat er das alles seiner Boshaftigkeit zu verdanken. Hätte er nicht die Eigenheiten und Gepflogenheiten des Simpl und besonders seiner Besitzerin Kathi Kobus so genau beobachtet und in treffsichere Pointen verwandelt, er wäre zumindest an diesem Ort mit seiner Kunst nicht weit gekommen. Aber jemand, der einer

Wirtin, die für ihre Geschäftstüchtigkeit und Sparsamkeit weithin bekannt ist ein Gedicht widmet, in dem eine Bowle mittels Schattenwurf einer Ananas auf eine Wassertonne hergestellt wird[1], jemand, der mit einem solchen geradezu genial-boshaften Humor gesegnet ist, der kann schon damit rechnen, daß er das Publikum auf seiner Seite hat.

Schabernack ist indessen nicht alles, was Ringelnatz mit seiner satirischen Ader zu treiben versteht. Er ist alles andere als ein unpolitischer Spaßvogel, der aus dem Blauen heraus dichtet. Wie andere Dichter seiner Zeit leidet auch er an den politischen Verwerfungen, die sich in den ersten Jahrzehnten des 20. Jahrhunderts in Deutschland häufen; und er nimmt Stellung dazu.

Zu seinem Simpl-Repertoire der Nachkriegszeit gehören auch schon die *Turngedichte* (sie erscheinen 1920) und die Daddeldu-Gedichte (*Kuttel Daddeldu oder das schlüpfrige Leid*, 1920). Auch sie sind überwiegend komisch, haben aber fast sämtlich eine Tendenz, die ihre Wirkung beim fortschrittlich gesinnten Teil seines Publikums nicht verfehlt. Das stimmt vor allem für die *Turngedichte*, mit denen er den heroischen Körperkult des aufziehenden Nationalismus nicht nur lächerlich macht, sondern ins Groteske reitet, wo er ja letztendlich hingehört. Er erhält dafür nicht weniger Beifall als für Kuttel Daddeldu, sein alter Ego, in dessen Maske er regelmäßig auftritt. Dieser trinkfeste Matrose hat ein Herz, das zu groß, und einen Verstand, der zu klein ist für diese Welt, aber er ist echt. Er sagt, was er meint, und zwar deutlich, und er wird dafür geliebt.

Und echt sind auch die Gedichte, in denen Ringelnatz

sozialkritische Themen behandelt. Arbeitslosigkeit, Armut, Hunger sind für ihn Dinge, die er nur allzugut kennt. Bis er es geschafft hat, sich als Dichter eine Existenz aufzubauen, vergehen Jahre, in denen er von der Hand in den Mund lebt, in denen er nicht weiß, wie er seine Miete bezahlen soll, in denen er Hunger leidet. Und wenn er ein Gedicht darüber schreibt, dann ist es für ihn nicht nur eine Frage der Moral, und nicht nur eine Frage der Solidarität, sondern auch eine Frage von Betroffenheit und Wut. Man spürt diese Wut bis heute beim Lesen dieser Gedichte, die nicht aus dem Kopf, sondern aus dem Bauch heraus geschrieben sind; aus einem leeren Bauch heraus. Kein Wunder also, daß ihm gelegentlich die Galle überläuft: »Ach! – ich möchte jenem verdammten / Stellenvermittlungsbeamten / Siebzehn Legitimationspapiere ... / In den Rachen stopfen.«[2] Ringelnatz' Boshaftigkeit ist hier sowohl impulsiv, als auch reflektiert. Er poltert und kobolzt und er läßt seine Protagonisten in einer unmißverständlichen Sprache sprechen. Vor allem Kuttel Daddeldu spart nicht mit Kraftausdrücken und Ordinärem, was die konservative und die reaktionäre Presse dazu veranlaßt, von »Schweinetrog-Poesien« und »Blödsinn« zu sprechen.[3]

Nun, wir kennen unseren Ringelnatz besser. Von Blödsinn kann keine Rede sein. Eher schon von »literarischem Unsinn«, ein Genre, in dem er immer wieder mit Morgenstern verglichen wird, wenngleich diese Bezeichnung einer literaturwissenschaftlichen Überprüfung nicht ganz standhält.[4] Gedichte wie »Bumerang« oder »Ballade« sind eher in der Tradition der bürgerlichen »Unsinndichtung« zu sehen, die um die Wende vom 19. zum 20. Jahrhundert mit bürgerlichem Bildungsgut durch Parodien und Wortspiele ihren Spott treibt. Bei näherer Betrachtung entpuppt sich der Unsinn jedoch als äußerst hintersinnig, und zum verständnislosen Kopfschütteln führt ein Gedicht wie »Rezept« nur bei dem, der es nicht geschafft hat, sich einen Rest an kindlichem Anarchismus zu bewahren; ein Charakterzug, mit dem Ringelnatz reich gesegnet ist. Wie sonst wäre er auf all die verrückten Einfälle gekommen: sächsische Schweinshaxen, die eine Bulldogge überfallen, ein Fußballspieler, der in den Wahn verfällt und die Erde ins Weltall kicken will, Kannibalen, die Silvester feiern?

Daß Ringelnatz immer ein großes Kind geblieben ist, sieht man nicht nur an den Streichen, die er bis ins Alter seinen Freunden zu spielen liebt, man sieht es auch an der Art, in der er die Welt betrachtet. Um die Dinge so genau, so mitfühlend und so sensibel zu sehen wie er, braucht man nicht nur die Augen, sondern auch die Seele eines Kindes. »Wunderland ist überall« und alles, worauf sein Blick fällt, erweckt er zu Leben: einen Pflasterstein, ein Stück Seife, eine Pellkartoffel, deren Verzehr ihm zum Mord an einem Individuum gerät, dem er noch seinen Trost spendet, während er es verschlingt.[5] In bester romantischer Ironie fühlt er sich in die Dinge hinein und verleiht ihnen Sinn und Leben.

Es ist dieser liebevolle Blick, der ihn auch die Ungereimtheiten und Abgründe des Lebens erkennen läßt, die Fehler und Dummheiten der Menschen, die Widersprüche der Verhältnisse; Rohmaterial zuhauf für einen »Komiker von erstem Rang«, der natürlich gar nicht anders kann, als diese verkehrte Welt dem Lachen preiszugeben. Das geschieht in nicht wenigen Fällen auf boshafte Weise, aber Ringelnatz weiß dabei sehr wohl zu differenzieren. Er verfügt über mehr als ein Fläschchen in seinem Giftschrank und weiß, wann und wem er sie verabreichen kann.

Sein Spektrum reicht vom harmlosen Scherz bis zur unverhohlenen Beschimpfung und von der liebevollen Persiflage bis zur handgreiflichen Tirade. Es macht Vergnügen, ihn so »landbegeistert fluchen« zu hören, denn man versteht bald, daß dahinter ein gutmütiger Matrose steckt, der letztendlich dann doch nur boshaft ist, weil er für die Menschen und Dinge ein tiefes Gefühl empfindet. Selbst so schräge Typen wie der martialische »wilde Mann von Feldafing« oder »Der Seriöse«, haben zumindest sein Verständnis, wenn nicht gar sein Mitleid, und wenn er seinen Stachel gegen sie führt, dann tötet er nicht, er piekst nur; wenn auch immerhin so, daß es zu spüren ist.

Denn Ringelnatz beobachtet genau. Er versteht es, die empfindlichen Stellen aufzuspüren. Er kennt Augenbrauen aus Stahl, Gespräche aus Fett und Leute, die nur aus Gaumen und Popo bestehen; Schwächen und Dummheiten, die sich als ihr Gegenteil ausgeben – das klassische Material für jeden Satiriker. Wenn Ringelnatz darauf mit einer Boshaftigkeit antwortet, geschieht es oft, weil er schlicht und einfach seinen Ärger loswerden muß. Oder weil er es liebt, sich lustig zu machen. Und selbstverständlich verteilt er seine Spitzen sehr gerne auch einfach nur aus Spaß an der Freud'. Es bereitet ihm ein kindliches Vergnügen, uns zu verwirren und mit seinen Gedankensprüngen zu überraschen. Nun ja, wer Talent und Humor genug hat, uns in sechs Zeilen bruchlos vom Gegenstand zärtlichster Verehrung zum Grausen zu führen, wie in »Genau besehn«, der fühlt sich eben nicht nur durch einen satten Bürger herausgefordert, dem gelingt es auch, aus dem Reinigen der Zahnzwischenräume eine Kriegserklärung zu machen.

Wäre das alles, so würde sich Ringelnatz, außer durch die Originalität seiner Einfälle und seiner Sprache, nur unwesentlich von all den anderen aus der Riege der Boshaften unterscheiden. Aber das ist nicht alles. Er hat noch eine Besonderheit auf Lager: die gutartige Boshaftigkeit. Wer oder was immer seine Sympathie erweckt – und das sind vor allem die kleinen und hilflosen Wesen –, muß zwar mit einer Spitze rechnen, kann aber immer davon ausgehen, daß er mit der Wahl der Worte oder der Wendung seiner Pointe am Ende eine versöhnliche Kurve findet. Das Lachen, das er damit provoziert, ist keines über, sondern eines mit; es schließt das Opfer nicht aus, sondern heißt es im Kreis der Lacher willkommen.

Wie er das schafft? Nun – Ringelnatz ist ein Menschenfreund. Er wird von einem Schalk geritten, der ihm im Herzen sitzt und der das Leben liebt, obwohl es nur selten so ist, wie er es möchte. Seine Boshaftigkeit ist eine Waffe, mit der er nicht nur schlagen und sticheln, sondern auch streicheln kann. Und viel mehr kann man von einem Boshaften nun wirklich nicht verlangen.

Günter Stolzenberger

1 Vgl. Die Simplicissimus-Bowle, S. 105.

2 Aus: Worte eines durchfallkranken Stellungslosen in einen Waschkübel gesprochen. Siehe S. 57.

3 Vgl. hierzu Helga Bemmann: *Joachim Ringelnatz. Leben und Werk.*
Berlin und Frankfurt 1996, S. 110.

4 Vgl. hierzu P. C. Lang: *Literarischer Unsinn im späten 19. und frühen 20. Jh.* Frankfurt am Main 1982.

5 Vgl. Abschiedsworte an Pellka. S. 9.

Quellenverzeichnis

Die Gedichte wurden folgenden Ausgaben entnommen:

Es war ein Brikett · Es lebte an diskretem Orte · Rezept · Ein bettelarmer, braver Mann · Ein Pflasterstein, der war einmal. Aus: Hans Bötticher und R. J. M. Seewald, *Die Schnupftabaksdose* – Stumpfsinn in Versen und Bildern. R. Piper und Co. Verlag, München 1912.

Freiübungen · Kniebeuge · Wettlauf · Klimmzug · Am Hängetau · Zum Keulenschwingen · Bumerang · Fußball · Der Athlet · Laufschritt-Couplet · Stimme auf einer steilen Treppe · Wettlauf · Worte eines durchfallkranken Stellungslosen in einen Waschkübel gesprochen. Aus: *Turngedichte*. Kurt Wolff Verlag, München 1928

Avant-Propos · Abendgebet einer erkälteten Negerin · Seemannsgedanken übers Ersaufen · Kuttel Daddeldu und die Kinder · Das Terrbarium · Mutter Frühbeißens Tratsch · Mein harmlos Lied · Was der Liftboy äußert. Aus: *Kuttel Daddeldu*. Kurt Wolff Verlag, München 1923

Eisenbahnfahrt · Straßenbahn 23 und 13 · Worte in den Wind · Die Strömung · Kühe · Amberg · Ruf zum Sport · Aus meiner Kinderzeit · Wien · Ausflug nach Tirol · Überalldaß a. d. Elbe. Aus: *Reisebriefe eines Artisten*. Ernst Rowohlt Verlag, Berlin 1927

Nach dem Gewitter · Ritter Sockenburg · Der wilde Mann von Feldafing · Ballade · Meine Tante · Der wilde Mann, die weiche Mann, das Vielemann · Antwort an einen Gelangweilten · Ich raffe mich auf · Einem Kleingiftigen · Meine erste Liebe? · Anstachelung beim Zahnstochern · Verflucht und zugenäht · Rachegelüst · Kurze Wichs · Schneiderhüpfl vor dem Ochsen am Spieß · Was würden Sie tun? · Letzer Ritt · Immer wieder Fasching · Genau besehn · Der Seriöse · Reklame · Die Ausgetretenen · Heimweg · ... als eine Reihe von guten Tagen · An den Mann im Spiegel. Aus: *Allerdings*. Gedichte. Ernst Rowohlt Verlag, Berlin 1928

Störtebekerlied · Daddeldu verprügelt den Schiffsjungen · Abschied der Seeleute · Das Lied von der Hochseekuh · An Land, die Whiskyberauschten. Aus: *Matrosen*. Erinnerungen, ein Skizzenbuch: handelt von Wasser und blauen Tuch. Internationale Bibliothek GmbH, Berlin 1928

Alpabetisches Gedichtverzeichnis

Schöne insel taschenbücher
für Liebhaber des boshaften Humors
zum Lesen und zum Verschenken
an saubere Freunde, gute Feinde
und andere falschen Fuffziger

Shaw für Boshafte
Ausgewählt von Thomas Kluge
it 3205. 126 Seiten

Schopenhauer für Boshafte
Ausgewählt von Norbert Wank
it 3226. 102 Seiten

Karl Kraus für Boshafte
Ausgewählt von Christine M. Kaiser
it 3240. 112 Seiten

Arno Schmidt für Boshafte
Ausgewählt von Bernd Rauschenbach
it 3241. 100 Seiten

James Joyce für Boshafte
Ausgewählt von Friedhelm Rathjen
it 3242.117 Seiten

Heine für Boshafte
Ausgewählt von Joseph A. Kruse
it 3273. 120 Seiten

NF 711/1/09.07

Nietzsche für Boshafte
Ausgewählt von Norbert Wank
it 3274. 104 Seiten

Oscar Wilde für Boshafte
Ausgewählt von Denis Scheck und Christina Schenk
it 3309. 120 Seiten

Nestroy für Boshafte
Ausgewählt von Peter Cardorff
it 3310. 120 Seiten

Wilhelm Busch für Boshafte
Ausgewählt von Thomas Kluge
it 3311. 120 Seiten

NF 711/2/09.07

Unheimliche Geschichten
im insel taschenbuch
Eine Auswahl

Klassiker

Jane Austen. Die Abtei von Northanger. Aus dem Englischen von Margarete Rauchenberger. it 931. 253 Seiten

Werner Bergengruen. Das Buch Rodenstein. Unheimliche Geschichten. it 1793. 448 Seiten

Ambrose Bierce. Das Spukhaus und andere Erzählungen. Aus dem Amerikanischen von Gisela Günther, Anneliese Strauß und Karl Bruno Leder. it 3104. 214 Seiten

Fjodor Dostojewski. Der Doppelgänger. Ein Petersburger Poem. Aus dem Russischen von Hermann Röhl. it 2885. 220 Seiten

Wilhelm Hauff. Das Wirtshaus im Spessart. Eine Erzählung. it 2584. 199 Seiten

E.T.A. Hoffmann
- Die Elixiere des Teufels. Mit Illustrationen von Hugo Steiner-Prag. it 304. 348 Seiten
- Der Sandmann. Mit Illustrationen von Hugo Steiner-Prag. it 934. 83 Seiten

Ricarda Huch. Der Fall Deruga. Kriminalroman. it 1416. 211 Seiten

Victor Hugo. Der Glöckner von Notre-Dame. Aus dem Französischen von Else von Schorn. it 1781 und it 2810. 661 Seiten

NF 714/1/11.07

Henry James. Das Geheimnis von Bly. Aus dem Amerikanischen von Ingrid Rein. it 2847. 173 Seiten

Rudyard Kipling. Die Gespenster-Rikscha und andere unheimliche Erzählungen. Aus dem Englischen von Friedrich Polakovics. it 3105. 304 Seiten

Jack London. Wer glaubt schon an Gespenster? Und andere phantastische Erzählungen. Aus dem Amerikanischen von Edith Boldt, Edda Fensch, Ingo Schwarz und Sabine Thieme. it 3106. 276 Seiten

Edgar Allan Poe
- Grube und Pendel. Schaurige Erzählungen. Aus dem Amerikanischen von Erika Gröger und Heide Steiner. it 3107. 128 Seiten
- Shadow / Schatten. Amerikanisch / Deutsch. Übertragen von Arno Schmidt. Herausgegeben und mit einem Vorwort versehen von Patrick Roth. it 3168. 337 Seiten
- Der Untergang des Hauses Usher. Meistererzählungen. Aus dem Amerikanischen von Barbara Cramer-Nauhaus, Erika Gröger und Heide Steiner. it 1373. 182 Seiten
- Sämtliche Erzählungen in vier Bänden. Herausgegeben von Günter Gentsch. Kassette. 1540 Seiten

Jan Potocki. Die Handschrift von Saragossa. Herausgegeben von Roger Caillois. Übersetzt von Louise Eisler-Fischer und Maryla Reifenberg. Mit Illustrationen von Francisco Goya. it 139. 869 Seiten

Mary Shelley. Frankenstein oder Der moderne Prometheus. Aus dem Englischen von Karl Bruno Leder und Gerd Leetz. it 1030. 372 Seiten. it 3101. 299 Seiten

NF 714/2/11.07

Robert Louis Stevenson. Der seltsame Fall von Dr. Jekyll und Mr. Hyde. Aus dem Englischen von Grete Rambach. it 2412. 176 Seiten. it 3102. 133 Seiten

Bram Stoker. Dracula. Aus dem Englischen von Karl Bruno Leder. it 1086. 544 Seiten

Theodor Storm
- Am Kamin. Und andere unheimliche Geschichten. it 2420. 238 Seiten
- Der Schimmelreiter. it 736. 145 Seiten

Jakob Wassermann. Der Fall Maurizius. Roman. Mit einem Nachwort von Marcel Reich-Ranicki. it 3084. 655 Seiten

Oscar Wilde
- Das Bildnis des Dorian Gray. Aus dem Englischen von Hedwig Lachmann und Gustav Landauer. Revidiert von Norbert Kohl. it 843 und it 1645. 325 Seiten. it 2860 und it 3509. 298 Seiten
- Lord Arthur Saviles Verbrechen und andere Geschichten. Aus dem Englischen von Christine Hoeppener. Mit Illustrationen von Michael Schroeder. it 1151. 134 Seiten

Anthologien

Akte Mystery. Unheimliche Geschichten. Ausgewählt von Carolin Bunk und Hans Sarkowicz. it 3336. 180 Seiten

Frauen morden anders. Die spannendsten Kriminalgeschichten. Ausgewählt von Carolin Bunk und Hans Sarkowicz. it 3308. 190 Seiten

Geisterstunde. Gruselgeschichten. Ein Lesebuch. Herausgegeben von Günter Stolzenberger. it 3108. 254 Seiten

NF 714/3/11.07